JN323797

あぶれピューリタン
逸脱の社会学

カイ・T・エリクソン 著

村上直之　岩田 強 訳

Wayward Puritans

A Study in the Sociology of Deviance

KAI T. ERIKSON

現代人文社

目次

ニューイングランド墓石の古拓本

マサチューセッツ湾植民地とその付近

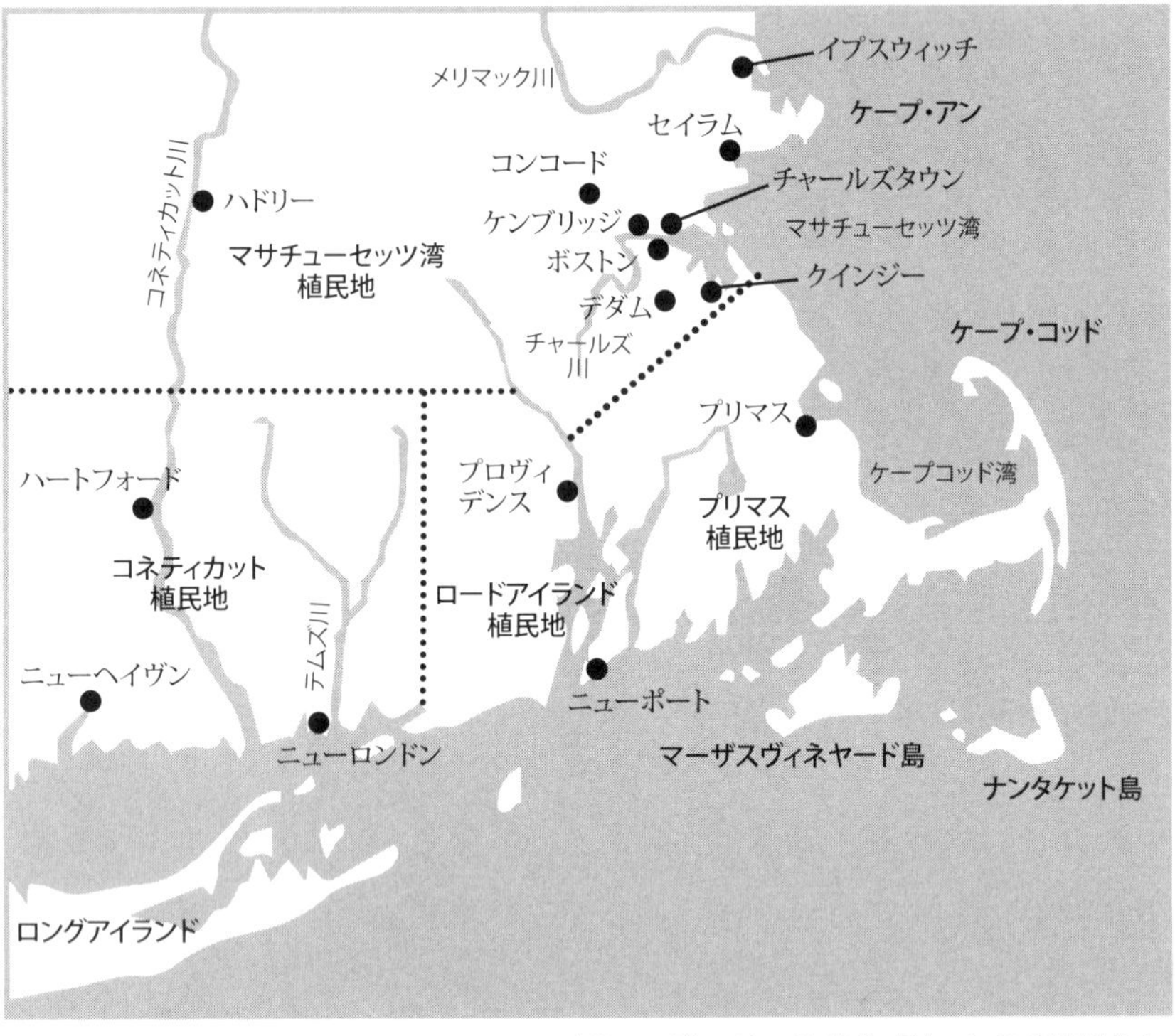

＊本地図は原典にはないが、読者の便宜のために訳者が付した。

序言

一六三〇年初め、最初のピューリタン入植者がマサチューセッツ湾へ向けて大西洋を横断していた時のことである。総督ジョン・ウィンスロップは乗船者一同に思慮深い説教をおこなった。かれは次のように警告した。

われわれは「丘の上の町」になり、すべての人々の目がわれわれに注がれることに配慮しなければならない。われわれが着手したこの事業において神をないがしろにし、そのため神がいま差しのべて下さっている支援の手を引かれたら、われわれは世界中の語り草になり、物笑いの種になるであろう。

旗艦アラベラ号の甲板でこの言葉をきいた旅人たちは、ウィンスロップの声にこもる切実さがよく理解できた。彼らは選ばれた聖者の一団であり、世界中のキリスト教会を浄化し一二使徒の時代の純粋さと素朴さに回帰させる使命を神から授かっていた。これら初期の移住者たちに四千マイルの大洋をこえさせた衝動は、なによりもまず、基礎となる範例と裁可をもとめて聖書の時代へ遡ろうという信仰復活の衝動だった。ウィンスロップと仲間たちが意図していたのは、マサチューセッツの森に新しいイスラエルを建設することだった。つまり、非の打ち所がない美徳にみちた聖書国家を建設し、その実例によってすべてのキリスト教信仰を改革しようとしたのである。したがって、この遠征に加わった人々は、自分たちがいま歴史をつくりつつあるという明確な自覚をもって、アメリカでの生活を開始したのである。

ニューイングランドのピューリタンたちはじじつ「歴史をつくった」し、それもまことに劇的なやり方でつくった。私たちは彼らを新しい文明の創設者としてうやまい、彼らの大洋への航海を台頭するアメリカ精神の最初の開花としてたたえる。だが、そうするうちに、時として、彼らがまったく望まなかった種類の成功まで彼らの手柄にしてしまう。というのは、このめざましい先駆者たちは、イギリスを捨てるとか、自分たちだけの世界に引きこもろうなどとはまるで考えていなかった。彼らは、キリスト教信仰の魂の都として、プロテスタント改革の司令部として、ニューイングランドの建設を望み、この志によって、自分たちはヨーロッパ生活の主流に深くかかわっていると感じていた。さまざまな点で、アラベラ号とその姉妹船の乗組員たちは世界の中心で生起しつつある出来事により接近し、より意味のあるかかわりをもつため、既知の世界の外縁へと旅していたのだった。

もちろん、結果としては、ニューイングランドのピューリタンたちはヨーロッパとの接触をうしない、はてしない平原となって眼前に広がる大地に途方もないエネルギーをそそぐことになった。けれども、彼らが入植地を自分たちの祖国とみなし、自分たちの生活を一地方史の出来事とみなせるようになるまでには長い年月が必要だった。その間、湾植民地の人々は時間的にも空間的にも宙吊り状態におかれていたのである。彼らは次第にイギリス人としてのかつてのアイデンティティをなくしていったが、アメリカ人としての新しいアイデンティティはまだ自覚されていなかった。「すべての人々の目」はそう長くニューイングランドに注がれはしなかった。入植から最初の三世代をつうじて、ピューリタンたちは、改革しようとしている世界から、自分たちがどんどん遠ざかっていくのを感じていた。

マサチューセッツ湾は、世界の他の地域から比較的に隔離されていたため、社会調査のための特別の実験室となっている。湾植民地はヨーロッパという背景からなぜか際だって見えるが、それは一七世紀の世界の他地域が大きな歴史の流れのためにその生活規模をより大きく複雑に見せているのに比べ、その流れから切り離されていたためであろう。本書があつかうのは、国家や王朝ではなく、名前も生涯もある程度知られている人びとの小さな集団である。それゆえ、湾植民地の歴史には他の地では失われた肌理《きめ》と細部がある。しかも、この時代は記録資料が豊富である。かくも小さなコミュニティがこれほど大きな注目の的になるのは異例だが、その後の湾植民地の歴史によってしぜんに学問的関心の対象となった。ピューリタンはその過程で自ら指導的な役割を演じたが、それは自分たちがとり組んだ聖なる実験の有益な記録をとることによってである。本研究やその他の同様な研究のアプローチを彼らが是認することは断じてないだろうが、ピューリタンは自分たちの植民地がいつの日か社会の諸理論のテスト・ケースとなることを常に自覚していた。

以下の研究の目的は、ピューリタンのコミュニティを、逸脱行動に関するいくつかの観念を検証するための場として活用することにある。その意味で、大半のページに見られるデータは歴史学的だが、本書の主題はおもに社会学的なものである。この種の学際的試みは時として多くの方法論的問題をひき起こすので、ここで、この二分野がどう関連するのかを考察しておこう。

名誉ある学問的伝統によれば、社会学者は社会の全般的な輪郭つまり社会生活を支配している「法則」

を研究するのにたいして、歴史家はある時代の性格をかたちづくり将来の出来事の進路を左右する特定の過去の時間を研究する。社会学者の「全般的な」関心と歴史家の「個別的な」関心というこの区別は長年広まっていて、二つの分野の便利な信用証明となってきた。だが、この信用証明は、ある特定の研究を特徴づけるために使おうとすると、その理論的な明快さがまったく消えてしまうようだ。つまり、人間的事象それ自体は全般的でも個別的でもなく、ただ研究者が自分の研究のロジックに合わせて整理しただけである。今日のような学際的思考の時代には、社会学者と歴史家の関心を区別するのは容易ではない。社会学者が過去の記録からデータを収集するとき、歴史家とはちがう熱意に駆られてちがう概念的問題にひき寄せられているなどといつわる社会学者はいないだろう。これはより古い分野である歴史学でも同様で、同じように境界線がかすれつつあるのは明白である。

もっとも、以下の研究を歴史学的というより社会学的だとみなすべき点がひとつある。ここに提示するデータを収集した目的が、ニューイングランドのピューリタン社会に新たな光を投げかけることではなく、逸脱行動の全般的理解を少しでも前進させることにあるという点である。つまり、本書では、アメリカにおけるピューリタンの経験を、どこにでもある人間生活の一事例としてあつかっているのである。ここでとった方法が歴史学から見ても妥当かどうかは、結局のところ、この研究の特定の題材だけでなく、他の時代の他の民族の行動を説明するのにどれほど有効かにかかっている。

この研究では、上記の点をのぞいて、社会学と歴史学の境界線を引こうとはしていない。冒頭の章のように、もっぱら社会学的な問題をあつかっている章もあるが、ストレートな歴史記述に専念している章もある。だが、すべての章が社会学と歴史学の境界領域で書かれている。どちらの学問も自分の領分だと主張できるし、そうするのが当然の境界領域である。だから、本書の紹介としては、社会学的理念の探求に関心をいだく社会学者による研究だということだけを述べておきたい。

したがって、本書はまず社会学理論の検討にはじまり、そこから歴史分析へと移行する。第一章では、逸脱行動はすべての社会生活がどのような範囲と限度で営まれるべきかをきめる上で、しばしば社会の有益なリソースであることが示唆される。そして第二章は、ピューリタン入植者と彼らが荒野のほとりに建設した植民地の歴史的背景の資料からはじまる。そこから章末まで、アメリカ入植の最初期にあぶれ者の同胞たちを植民地の人びとがどのようにあつかったかを見ていくが、その過程で、冒頭の検討から引きだされた三つの主題が順次論じられていく。第三章は、入植後の最初の一世紀間に三度起こった「犯罪の波」をとりあげ、ある民族が経験する逸脱のスタイルは彼らの文化的宇宙の境界を可視化する仕方と関係があることを提示しようとする。第四章では、湾植民地のある地区での犯罪発生率を算定することによって、ある社会が許容できる逸脱者の数は時代をつうじて一定であるという見解を検証しようとする。最後に、第五章では、逸脱に対するピューリタンの態度をふり返り、かつて彼らの態度を支えていた思想信条は、現代の私たちが逸脱行動に対処するやり方の中で重要な役割を今も果たしているかどうかを検討する。

このように、最初の二章はそれぞれ別個の導入部として読むことができる。第一章は、本書の基調となる考えを提示する章であり、第二章は、歴史上の人物たちを提示する章で、彼らの生涯と遺産が本書のデータとなっている。また、第三章以降の各章は、これら二つの導入部がそれぞれ含意している内容をあつかっており、私の社会学的立論を歴史的資料によって実例をあげて明確にしようとする。

マサチューセッツ湾の物語は何度となく語られてきた。湾植民地の最初の正史が出版されたのは最初の上陸からわずか二五年後で、以降、このめざましい時代について、世代ごとにそれぞれの解釈がほどこされてきた。ところが、その注目の仕方があまりにも類似しているために、物語の主要な輪郭を際だたせるどころか曖昧にしかしてこなかった。さまざまな事実をたえず捏ねくり回したせいでその特徴が失われ、民間伝承の中のうすぼけた人物に似てきてしまったかのようである。じつは、これは驚くべきことではない。ピューリタンは彼らの時代においてさえほとんど神話的な人びとだったからだ。そのふるまいが戯画化されやすかっただけでなく、大袈裟な神秘感を抱いて人生をあつかい、自分たちが特別な宇宙的ドラマに巻きこまれているといつも感じていたからだ。とはいえ、物語が漠然としているのはそれを研究してきた数多くの歴史家のせいでもある――あたかもすでに歴史であるかのように自分たちの時代について書いた一七世紀植民者たち、このあつかいにくい遺産を把握しようと取り組んだ一八世紀の歴史家たち、この時代の情報ならどんな断片でもまるで民族史博物館の展示品のように収集した一九世紀の好事家たちのせいでもある。この書棚を埋めつくす資料に目を通していると、なんと多くの歴史家たちが、簡単明瞭な事実そのものをそっちのけにして、伝説を追い求めてきたかという思いを禁じえない。彼らは、あまりにも若くあまりにも自意識過剰なこの国のために、通常なら時の経過によって生まれる神秘的な過去を捏造しようとしたのである。

歴史家はこの種の神話のつくり方をよく知っているし、神話化そのものを一つの歴史的データとしてあつかう仕方もよく知っている。けれど、社会学者はこの不慣れな水域ではより慎重でなければならない。こういう理由から、以下の研究は、できるだけ幅広い法廷記録その他の原資料に依拠している。というのは、社会学者はそれらの資料を、自分の生きている世界について語るピューリタン自身の声とみなし、本質的には現代のデータと同様にあつかうことができるからだ。しかし、この点をのぞけば、社会学者はたまたま自分によく理解できる二次的資料に依拠せざるをえず、ここでもまた深刻な理論的困難におちいる。というのは、扱っている問題にもっとも関係があるのはどの事実かを判定する基準が、歴史家と社会学者では異なっているからだ。もし社会学者が歴史家の研究を借用する場合にこの事実を認識していないと、彼の書くものが二流の歴史になるばかりでなく、社会学としても二流になってしまう危険がある。この問題についてできることは、主要な典拠をできるかぎり明らかにすることだけだろう。巻末の参考文献［訳書では省略した――訳者注］にはくりかえし当たった作品をリストし、本文のところどころに挿入した注では、それ以外に依拠した文献を明示しておいた。しかしながら、ペリー・ミラーには特別な言及をしなければならない。彼の著作はこの研究全体に深い影響をあたえているからである。

ここでピューリタンの文体について一言しておこう。かなり迷ったすえ、本文中、一七世紀の引用文のスペルを現代風に変えることにした。この措置には読者を原典の文体に触れさせないという明らかな難点があるが、それらの章句を読みやすくするという大切な利点もある。本研究では、結局、記録文書の文体よりもその内容により大きな関心が向けられている。少なくともこの変更によって、難解な語句の意味を理解しようとしているうちに論旨の糸を見失うという危険は少なくなるだろう。

さらに言えば、この措置がこれらの文章を書いた当の人びとの精神に合致すると主張することも十分できよう。ニューイングランドのピューリタンはスペルや文法の組織だった規則には滅多にしたがわず、統語法の論理的形式より自己の思考のリズムにのっとって文章を書いた。なによりも、彼らが努めたことは理解されるということであり、このかぎりにおいて、彼らは、現代のエディターが彼らの文章を新しい読者層にわかりやすいように変えても、その努力を是認してくれると思う。

上記以外の点で、原文に改変をほどこしたのはごく少数の場合にかぎられている。数ヶ所で私は大文字を小文字にかえたが、それは大文字ではぎこちなくなると思われたからである。また二、三ヶ所で誤解を受けそうな句読法を改変したが、それにたいする弁解が必要なら、これまでにも多くの編者がこの特権を行使してきたと指摘するだけで十分だろう。じっさい、その例があまりにも多いので、初期のピューリタン文書に見られる文体や句読法の逸脱は、アメリカン・ピューリタンである作者自身の仕業なのか、それともロンドンの印刷業者の見習い工のせいなのか、決めがたいほどである。

＊＊＊＊

著者が一冊の本を書く上でこうむった負債に漏れなく言及することはつねに困難である。その主たる理由は、教師や同僚から学ぶもっとも重要な教訓は、著者の意識の中にこっそり忍びこみ、後に痕跡をのこさない類の教訓だからである。以下にあげる先学たちには、準備のいずれかの段階で、原稿に目を通していただき、文体と内容に関して多大な恩恵をこうむったが、彼らへの私の感謝の念はそうした助力をはるかに越えている。本書の基礎となる諸理念はそれらの人々との対話から生まれてきたものであり、また彼らとの対話によってたえず研ぎ澄まされてきたからだ。

以下の方々は草稿を読んできわめて有益な助言をあたえられた。ピーター・M・ブロー、ジェイムズ・

A・デイヴィス、バーナード・C・ホーランド、エリヒュー・カッツ、ジョン・I・キッセ、ウォルター・D・ラヴ、ネルソン・W・ポールスビー、ジョフリー・A・シャープ、アンセルム・L・シュトラウス、チャールズ・E・ストリックランド、ロバート・L・ヴォスバーグ。

めずらしい幸運だが、本書の執筆をつうじて、その内容をエリック・H・エリクソンと検討する機会をもった。本書の完成には、彼の助言と彼との議論が大きく貢献している。また、レイ・L・バードウィッスルからうけた恩義ははかり知れない。人間行動にたいする彼の類いまれな理解に敬意を表し、さまざまな寛大な行為に感謝したい。

けれども、本書が日の目を見たのは、ヘンリー・W・ブロージンが学問的努力を尊重してくれたお陰である。本書の資料は古い歴史記録で、三〇〇年前に生きた人びとのコミュニティを描いたものだが、この研究の大半が書かれたのは近代的かつ高度に進歩的な医学部にいるときだった。二〇世紀と緊密にかかわる環境で一七世紀について書くにはある種の孤立が必要だが、その孤立を与えてくれたのがピッツバーグ大学医学部心理学科長のブロージン博士だった。この研究の機会だけでなく、多くの有益な助言を与えてくれた彼に感謝する。

本書を編集したモリス・ジャノウィッツは、論旨の一貫性と文体の問題について鋭い指摘をおこない、最終稿を大幅に向上させてくれた。

最後に、なぜ著者たちはいつもこの種の謝辞で妻に言及するのかと過去四年間思ってきたが、やっとその理由が分かった。本書にたいするジョアン・エリクソンの貢献は数えあげられないほどだが、そのうちの一つだけこの紙面をかりて彼女に感謝しておきたい。私はやっかいな一節のために八度も九度も書き直したが、彼女は夜遅くまで私につきあって、初稿のときと変わらぬユーモアと知性をもって耳を傾けてくれた。

カイ・T・エリクソン　エモリー大学精神医学科

一九六五年一〇月

第一章　逸脱の社会学

一八九五年、エミール・デュルケームは、システマティックな社会研究の便覧として『社会学的方法の規準』という本を書いた。社会学者は社会という生命体の「正常」と「病理」を見わける新しい判定基準を定立しなければならない。これが、デュルケームの仕事の最重要テーマのひとつだった。彼はいう。精神科医あるいは裁判官に異常とみえる行動も、社会学者の特別なレンズを通せばかならずしも異常とは見えない。だから、この新しい科学を学ぶ者は、個々の行動の中でもっとも常軌を逸したものでさえ、より広い視野からは正常とみなされる場合もあることを理解しなければならない、と。デュルケームは、自分の主張の具体例として驚くべき見解を述べている。犯罪はじつは自然な社会的活動であり、「すべての社会の健康に必須の要素」である、と。[注1]

この主題へのデュルケームの関心はこれより数年前、はじめて『社会分業論』を出版した時すでに表明されている。[注2] 彼はこの重要な本のなかで、犯罪は（さらに他の逸脱行動も）人びとの間に怒りと憤慨をひき起こすことによって、社会に実際に役立っていると示唆していた。逸脱者がコミュニティのだれもが遵守している行為のルールを破る。すると、集まってその侵犯への怒りをあらわし、違反者に対する証拠を言いたてる。その時、人びとの間にそれ以前には存在しなかった連帯感という固い絆が生まれる。いいかえれば、犯罪が生みだす興奮は、集団内の相互作用のテンポを早め、多くの人びとがそれぞれ別々に抱いていた感情を倫理という共通感覚へと融合する雰囲気が生まれる。

犯罪は道義的な意識を呼び集める。たとえば、小さな町で破廉恥な行為がなされた時、なにが起こるか注意してみればよい。町の人びとは路上で、あるいはたがいを訪問し、寄り集まって事件を語り、怒りをともにする。交換される似た印象、表出される怒りのすべてによって、ただひとつの怒りが生まれる……この怒りは特定の個人でなくすべての人の怒り、つまり、公憤である。[注3]

こうして、逸脱行為は集団感情の焦点となることで、コミュニティの人びとの間に相互性の感覚を生みだす。逸脱は戦争、洪水、あるいは他の緊急事態と同様に、人びとが共有する利害得失に敏感にさせ、コミュニティの「集合意識」を構成する価値に注目させる。逸脱行動が集団生活のリズムを時々中断しなかったら、社会組織はおそらく不可能である。[注4]

デュルケームのこの簡潔な主張は、発表されてから今まで古典的な社会学的思想とみなされながら、経験的研究にはなんの刺戟も与えてはいない。この章の目的は、彼の示唆を現代の社会理論に適する用語で考察し、その知見を有効な調査仮説に適用できるか考えることである。つづく頁は、デュルケームが推奨する出発点からは離れるが、彼が最初に提起した問いに向けて発している。つまり、逸脱という行動形態が社会生活の自然で有益でさえある部分だと主張することは妥当だろうか。

I

社会学者が逸脱行動に有効なアプローチを試みるさい最初に出あう問題のひとつは、その対象そのものに自然な境界がないように見えることである。どんな分野の人たちもそうだが、社会学者は、逸脱者が順応的な仲間たちとは「ちがう」人間だとみなす方が都合よい。だが、何年その問題を調査してもちがいはこれだという確証は見つからない。調査者は、逸脱者の生育環境の性質、彼らの夢の内容、彼らの頭骸骨の形状、彼らの思考の内容を研究してきた——けれど、こうした情報はどれも、逸脱行為をする人間とそうではない人間との間に明確な線を引くのに役立たなかった。さらにまた、研究の関心を逸脱者という人間から個々の逸脱行動へと変更してみても、逸脱問題に対するパースペクティブが改良されることはなかった。逸脱の定義は、ひとつの社会のさまざまな階級や人類を分化させているさまざまな文化によって千差万別である。すべての逸脱行為に共通な客観的な特性など——たとえ特定の集団の内部でさえも——ないということがすぐに明らかとなる。ある人間を監獄に導く行動が他の人間を聖者へと導くことはありうる。行為それ自体がどんな性質であるかは、それが行われた環境と、それを目撃した観衆の気分に左右されるからである。

そういうわけで、多くの社会学者が、この問題へアプローチするためにより単純な戦略《ストラテジー》を採用している——つまり、逸脱行動の定義は研究対象である社会集団の定義にまかせるのだ。本研究では、同じテーマを扱っている他の研究者と同様に、[注5]「逸脱」という用語は、ある集団の人びとにとって危険で扱いづらく不快な行動であるため、それを行なった者に特別な制裁がくだされる行動のことをいう。逸脱とはある種の行動に内在する性質ではなく、直接であれ間接であれ、その行動に接した人びとによって付与される性質である。それゆえ、観察者にとって、ある所与の行動様式が逸脱かどうかを決める唯一の方法は、それに反応する観衆の基準を学ぶことである。

この定義はいささか使い勝手がわるいようにみえるが、これまで無視されてきた問題点に焦点をあてるという利点がある。コミュニティの人びとがある成員の行動に「善処する」時機を決めるとき、彼らはきわめて複雑なプロセスに巻きこまれる。結局のところ、どんな極悪人でもほとんどの時間は社会の規則に従っている。つまり、食卓ではマナー通りに銀器類を使い、交通信号ではすなおに停止し、その他自分の集団のしきたりに敬意を払う程度のことはしている。だから、彼の誤った行動に対して彼の仲間たちが制裁を加えようと決めるということは、膨大な数の許容可能な行動の中の、逸脱というわずかな細部に反応するということである。刑事法廷で「窃盗犯」の判決を下される人間はその行動にほんのつかの間の時間を費やしたにすぎない。同様のことが、統制機関の前に引き出され、なんらかの逸脱のラベルを刻印されて帰る人びとの多くについてもいえる。コミュニティがだれかを逸脱者として分類するとき、彼の行動の全体の中からわずかの効果的な細部を選り分けて、これらの細部こそ彼が「ほんとうは」どんな人間であるかを表現していると宣告しているのだ。世論と同様、法律においても、重罪を犯したとか麻薬使用が露見したという事実が、その人の人格の主要な識別証となる。「彼は窃盗犯だ」あるいは「彼は麻薬中毒だ」という表現そのものがただちに彼の社会的地位の説明となり、彼の性格のプロフィールとなるのである。

だから、ある人間の活動全体の中からいかに説得力のある細部を選り分けるかが、コミュニティの社会統制装置の重要な部分となる。重要なことは、コミュニティの人びとがたがいを判断するさい、逸脱行為に直接関係のない数多くの要素が考慮されることである。たとえば、ある人間が逸脱者とみなされるかどうかは、彼の社会階層、犯罪者としての過去の記録、またどの程度良心の呵責を吐露できるか、またコミュニティの移ろいやすい気分の中に定着している多くの同様な事柄と係わっている。もっとも、こうしたことは、重大犯罪や重病の場合はあてはまらない。違反行為があまりにも暗く不気味で、その人間の人生の他の細部を霞ませてしまうからである。けれども、この特徴は社会で日々行われている選別プロセスにはいつもみられる。大酒飲みの男がアル中とみなされるかどうか、奇矯なふるまいをする男が病院に収容されるかどうか、生活を支える決まった財産のない男が浮浪者として扱われるかどうか——社会で逸脱者のラベルを貼られるか平穏にくらすか、その大きな分かれ目は、注意をひく行動の数々の細部をフィルターにかけてコード化するやり方で決まるのである。

一度このように問題を表現すると、私たちは次のように問うことができる。こうした行動の細部の何が格別注意をひくほど重要なのか、コミュニティはそれをどのように決定するのか？　さらにまた、その決定がなされると、なぜコミュニティは監獄や精神病院などの施設をもうけ、そうした行動をした人間を収容するのか？　むろん、きまった答えは用意されている。社会が統制機関を設置するのはみずからを逸脱の「有害な」影響から防衛するためであり、それは有機体が病原菌の侵入とたたかうためにそのリソースを動員するのと同じである、と。だが、この単純なものの見方は解決できないほど多くの問題をひき起こす。かつてエミール・デュルケームとジョージ・ハーバート・ミードがともに指摘したように、社会によって逸脱とみなされる行為すべてが事実上（あるいは原理的にも）集団生活に有害だという確たる証拠はない。その成員間で大規模な殺戮や放火が行なわれていたならば、いかなる文化も存続できなかったことはまぎれもない真実である。だが、世界中で逸脱とみなされる他の多数の活動が（ある種の食物禁止がすぐれた例だが）集団の存続に関係があるという確かな証拠はないのである。今日のことでは、たとえば売春やマリファナ喫煙や同性愛がなぜ社会秩序の健全さを危機にさらすと考えられるかを問うてもいい。

おそらくこれらの活動は危険だが、その状況について慎重な検討をせずそうした結論を受け入れるのは、世界のいたるところで人びとは隣人が極度に嫌う行動を行ないながら、平気で生き延びているという重要な事実から目を背けてしまうことになる。そこで、社会学者にとってそれ以上に確たる足場はないのだから、逸脱について問うべきもっともナイーヴでもっとも初歩的な疑問に戻ってみることはまさに妥当である。つまり、なぜコミュニティは他の行動ではなくある種の行動を逸脱という分類に割り当てるのか？　つづく頁では、この問いにひとつの答えを試みてみよう。

Ⅱ

人間の活動は、核家族のように小さな単位から国や文化のように大きな単位までさまざまな種類の集合に分類される。逸脱の研究でもっともやっかいな難点のひとつは、それぞれのレベルで別々に問題を定義しなければならないことである。核家族という文脈ではふさわしくない行動がコミュニティ一般ではまったく受け入れられる一方で、コミュニティの成員からきびしい非難をあびる行動が他の文化ではまるで気づかれもしないということもありうる。それゆえ、社会の中の人間はそれぞれのレベルで異なる逸脱への対処法を学び、日常活動でもそうしたレベルを区別することを学ばなければならない。

古い家族的伝統を破ったという理由で息子を勘当したり、その地方に伝わる慣習を破ったという理由で隣人を追放する者も、裁判所で陪審員となった場合はそうした基準を採用してはいけないことになっている。これら三つの状況でそれぞれ異なる判定基準を用い、問題の行動が許容限度をこえているかどうかを決めることが要求されるのである。

つづく数頁では、「コミュニティ」という社会単位での逸脱について語るが、この用語を用いるからといって、そのレベルの組織だけを論じているわけではない。少なくとも、原則として、ここでなされる議論は人間の集合体のあらゆる種類——文化全体と同時に家族、国と同時に小集団——にも当然適用される。「コミュニティ」という用語をこのような文脈でのみ用いるのはとても便利だからである。[注6]

コミュニティの人びとは生活の大半をたがいに密接に触れあってすごし、共通の経験を持ちあうことで、自分たちが特別な「種族」に属し特別な「場所」に暮している と感じている。社会学の慣用語でいえば、これはコミュニティが境界維持的であることを意味している。つまり、それぞれのコミュニティは全体として特定のテリトリーをもつが、単に地理的空間の限られた領分だけでなく、文化空間というべきものの中に特定のニッチを引き継いでおり、その圏内で独自の「エートス」と「様式」を発達させていることを意味している。地理的と文化的という二つの次元がともにコミュニティを特別な場所として独立させ、そのメンバーのために重要な準拠点を提供しているのである。

あるシステムが境界維持的であるということは、その構成要素の変動を制御しており、その結果、システム全体がより大きな環境の中で、ある限られた活動範囲と恒常的で安定したパターンを保持しているということである。それゆえ、人間のコミュニティは、そのメンバーが特定の活動範囲に自分たちを制限し、その範囲からはみだした振る舞いを不適切あるいは不道徳とみなすという意味で、境界を維持しているということができる。このようにして、集団は一種の文化的統合をたもち、それ自身がもつ拡大化の可能性を自主的に制約することで、環境への適応の要件にきびしく応えようとしている。人間の行動は広大な範囲で多岐にわたるが、どのコミュニティもその範囲内のある部分の周りをシンボリックなカッコでくくり、自分たちの活動をその狭い地帯に制限する。いわば、そうしたカッコがコミュニティの境界をなすのである。

さて、コミュニティにともに暮らす人びとは、社会空間に自分が占めているテリトリーの境界について学習しなければ、たがいに整然とした関係をむすべずに、集団成員として肩身のせまい思いを味わうことにさえなる。彼らが集団内で起こる経験の特別な性質を評価できるようになる以前に、まずその限界をこえると何があるかを感じる必要があるのだ。けれど、人びとはどのようにしてコミュニティの境界を学んでいるのだろうか？ そして、人びとはどのようにして自分たちの次の世代にその情報を伝えているのだろうか？ 最初に、社会の境界を標示する唯一の資料はそのメンバーの行動である――というよりも、メンバーを規則的な社会関係にむすびつける相互作用のネットワークである。そして集団の外縁をもっとも効果的に位置づけ、それを公けにする相互作用は、一方は逸脱的人間、他方はコミュニティ公認の統制執行者の間で行なわれる相互作用である。逸脱者とはその活動が集団の限界からはみ出る人間であり、コミュニティが彼にそのはみ出した理由を説明させるとき、コミュニティは自らの境界の性質と位置について表明しているのである。それはまた、どの程度まで変化と多様性を認めたら、集団の識別可能なかたちと固有のアイデンティティが失われるかの表明でもある。もっとも、集団にはその存続にかかわる他の契機があって似たような働きをする。たとえば、戦争は集団とその敵の前線を注視させることで集団の境界を公けにするし、ある種の宗教儀礼やダンス儀式その他の伝統行事は「我ら」と「彼ら」のシンボリックな出会いを演出することによって、二つの集団の相違をドラマティックなものにする。しかし、全体としては、コミュニティの成員がその境界の位置についてたがいに情報を交換しあうのは、集団の縁をあえてはみ出した者が、コミュニティの文化統合の防衛を特別な任務とする治安要員と出あって起きる対決に参加する時である。その対決が、刑事裁判、破門審査会、軍事法廷、精神科の症例検討会など、どのような形式をとろうとも、それらは、関係する観衆に向けて、集団という特別な領域に属する行動とそうでない行動との間に線引きをしてみせる境界維持の装置として働くのである。一般に、この種の情報はことばを使って直接に伝えられるものではない。たとえば、この文章を読んでいる人の多くは、窃盗と合法的な商取引を区別する境界線については一家言もっておられよう。しかし、その相違を記述した法令集を読んだ人は多くはないだろう。おそらく、このような問題についての私たちの情報は、関連する法律が適用され公表された事件から得たものである。――そして、この点に関しては、おおむね法律はそれ自体が過去の事件とその判決の集積であり、法秩序が生まれてから現在までの間に起こったさまざまな対決を総合したものである。

これと関連して重要な点は、法を犯した逸脱者と取締官の対決がつねに大きな民衆の関心を喚起してきたということである。過去においては、犯罪者の審判と刑罰は市場で公開され、群衆は直接そして積極的に参加する機会を与えられていた。むろん、今日では、逸脱者を町の広場に引き回したり、タイバーン刑場のようなカーニバル的雰囲気のなかで晒しものにしたりはしない。だが、興味深いのは、刑執行にこうした変化をもたらした「改革」が大量情報のメディアとしての新聞の発達とまさに時を同じくしていることとである。おそらくこれは歴史の偶然にすぎないだろうが、新聞が（今日ではラジオとテレビも）公開処刑や監獄の日曜訪問と同じ種類の娯楽を提供していることはやはり事実である。訳者注 私たちが「ニュース」と呼ぶもののかなりの分量が逸脱行動とその結果のレポートにあてられている。そして、なぜこうした記事にニュース価値があるとみなされ、なぜ異常なまでの注目を呼ばなければならないのかを説明するのはたやすいことではない。おそらく、評論家がいうように、多くの観衆にひそむ邪まな心理に訴えるからかもしれない。だが、それらは同時に、社会の規範についての概要を伝える主要な情報源となっている。比喩的な意味だが、少なくとも、道徳と非道徳が公開の処刑台の上で出あい、二つの間に線が引かれるのはその出あいの時なのである。

どんなコミュニティでもその境界はけっして固定的な性質のものではない。集団のメンバーが自分たちの領域の外縁の新しい定義の仕方と、より広い文化地図に自分たちを位置づける方法を見いだすごとに、境界はいつも変動している。時には、変化は集団の構造内部から起こり、その成員に自分たちの領分の再調査を要求する――リーダーの交替、空気の変更である。時には、変化は周囲の環境から起こり、集団の人びとが自分らの独自性を際だたせてきた背景を替えることがある。そしてつねに、新しい世代が参入し、交替して古い制度を守ることになるので、彼らが受けつぐ世界の輪郭について知らせなければならない。このようなわけで、逸脱者とコミュニティの個々の対決は進行する社会過程の断片にすぎない。境界が集団の縁にいる者によってくり返し挑戦され、集団の内的モラルを代表すべく選ばれた者によってくり返し防衛されるかぎり、コモンロー（不文律）の条項のように、境界は有意義な準拠点としてありつづける。コミュニティが逸脱者の行為の弾劾にのりだし、有責の違反者を処分するための公的な儀式を招集するたびに、破られた規範の権威は先鋭化し、集団の境界の所在が復唱される。
このような理由で、違反行動は社会の装置が不十分に作動している時に生じる単純な漏出現象の一種ではなく、その量がコントロールされている場合、社会生活の安定を保持するための重要な条件となる。逸脱という行動形式は、集団生活の外縁を刻印することによって、その内部構造に特別な性質をあたえ、集団の人びとが自分たち自身の文化的アイデンティティについて整然とした感覚をそだてるための枠組を供給するのである。これはオルダス・ハックスリーが次のように書いたさい、おそらく彼の念頭にあったことである。

さて、整然としていることがよいことは否定できない——だが、それが手に負えなくなり、高い代償を払わなければならなくなることがある……よき生活が行われるのは、整然としていることが唱導され実践されるが、それが狂信にはならず、いわばほどほどの乱雑さがいつも暈のように効率を覆っている社会においてのみである。[注7]

ここからデリケートな理論的問題が立ちあがる。人間集団がしばしば逸脱行動から利益をひき出していることを認めるならば、このリソースを促進するように集団は組織化されているのではないか？　いいかえれば、新しい違反者を徴集し、彼らを長期にわたって逸脱的地位につかせるような諸力が社会構造内に働いているのではないか？　この疑問に答える経験的データは現在のところ揃ってはいない。だが、その疑問に興味深いパースペクティブをもたらす見解を示すことはできる。——つまり、逸脱行動はそれを抑止するための機関によってしばしば育成されている。じっさい、逸脱を防止するために社会が設けた機関は貧弱で、そもそも逸脱防止を「ほんとうの」機能としているのか疑わしい。

逸脱行動を制御するために設けられた施設の多くが事実上それを永続させるように働いているという議論は、今日ではまったくあたりまえとなっている。ひとつには、監獄や病院その他の同様な施設が膨大な数の逸脱者に支援をあたえて避難所となっているが、時として彼らが社会的リソースの獲得競争に有利となる便宜をあたえている。だが、それどころか、そうした施設は周縁の人間を集めて緊密で隔絶した集団に育て、逸脱キャリアでえた技術と態度をたがいに教えあう機会を提供している。さらに、社会全体から疎外されているという感覚を強化させることで、そうした技術を使用するよう彼らを鼓舞しさえしている。[注8] 以下の見解は現代のものではない。

監獄のなかで起こる悲惨さは、監獄の害悪の半分にもみたない。貧困と邪悪が生みだしうるあらゆる種類の堕落に満ちている。屈辱への居直り、困窮への怒り、そして絶望への怨みによってもたらされるすべての無恥で放埓な悪行がそれだ。監獄のなかでは公衆の目は届かず、法の力は影をひそめる。恐れもなければ、恥じらいもない。みだらな者がより慎み深い者を煽り、厚顔無恥な者が小心者に焼きを入れる。誰もが残っている繊細さを押し殺すように自分を鼓舞する。自分がされることを他人にもしようとやっきとなり、最も悪い仲間たちの喝采を得ようと、彼らのやり口の真似をする。[注9]

およそ二世紀前に書かれたこの文章は、監獄に対する厳しい告発であるが、そこに描かれた状態の多くは現代の監獄生活の研究報告にもひき継がれている。長期の歴史的パースペクティブからこの問題を見れば、監獄は犯罪者を収容して改善する上で明らかに不満足な働きしかしてこなかったと結論づけざるをえない。だが、この一貫した失敗には、それ自体、特異な論理があるようだ。おそらく、最悪の刑罰の慣習すら改善しにくいのは、監獄は収容者が逸脱行動へのコミットを強化し、彼らをより深い逸脱的地位に押し込めるだろうと、私たちが期待しているからである。一般に私たちは、逸脱者が私たちの用意した統制機関の手を経ることで改善されることをほんとうは期待していない。しかも、私たちは彼らの社会復帰にコミュニティのリソースを費やすことに消極的である。その意味で、刑期を終えた犯罪者を次から次へと出所させる監獄は（あるいは、その点では、もっとも重病の患者を奥の病棟に溜めこむ州立精神病院も）、その創始者の目的を激しく傷つけるものであろう。けれど、コミュニティの住民の期待は少しも傷つけられていない。

さらに、そうした期待は社会のすみずみでみられ、私たちが逸脱行動に対処する上で重要な雰囲気の一部を構成している。

第一に、コミュニティがその成員の逸脱にくだす制裁は、単純な譴責行為ではない。それは複雑な移行の儀礼であり、社会の通常の場所からいったん個人をひき離し、逸脱という特別な位置へと移動させる。[注10]一般に、この地位変動を特徴づける儀式には多くの位相がある。まず逸脱者とコミュニティがたがいに対決する公式の段階（たとえば刑事裁判）を用意し、次に彼の逸脱の性質の宣告（評決や診断など）を行ない、彼の非行の有害さを消すと思われる特定の役割（囚人や患者のような）を割り当てる。このような拘禁儀式は広く公衆の関心の的となり、きわめてドラマティックな道具立てで行なわれるのが通例である。[注11]

おそらくそのもっとも明瞭な例が、手の込んだ形式と仰々しい儀礼にみちた刑事裁判であるが、誰が法的に逸脱か否かを決める手続きがなされる時、いつもそこにはより控えめな同種の儀式がある。

さて、私たちの文化におけるこのような儀式の重要な特徴は、それらがほとんど不可逆であるということである。社会があたえる暫定的な役割――たとえば、学生や徴集兵の役割――には、その一時的な特権を失い、その役割を解除されて帰ることを特徴づける終了の儀式がある。だが、逸脱者に割りあてられる役割には、この種の移行はめったに行われることがない。決然とした、時にはドラマティックな儀式によって逸脱的地位へと導かれるが、その役割から解除される時には告知のことばが公衆に発せられることはない。その結果、逸脱者は、コミュニティの正常な生活に復帰したという正当な認証なしに家に帰ることが多い。最初の拘禁儀式が押しつけたスティグマを消しさる機会はないし、あの時宣告された評決や診断を無効にする機会もない。それゆえ、コミュニティの人びとが帰ってきた逸脱者を不安と不信の気持ちで遇するのも驚くにあたらない。なぜなら、人びとは彼が何者かほんとうにわからないからである。

こうして、ひとつの循環が動きだす。マートンのみごとな語句を借りれば、「自己成就的予言」という特性をもった循環である。一方では、コミュニティの不安は逸脱者がそうでなかったら首尾よく復帰できたであろう機会をせばめてしまうことは明らかである。だが、同時に、日々の経験にてらせば、こうした疑念はまったく正当であることがわかる。なぜなら、大半ではないが多くの前科者が監獄を出たあと再び犯罪に手をそめ、数多くの精神病患者が最初の入院から戻ったあと更に治療を必要としていることはよく知られ、ひろく公表された事実だからである。逸脱した人間はけっしてほんとうには変われないという一般感情は、あやまった仮定によるものである。だが、その感情が強い確信とともに頻繁に表現されると、あとになってそれが正しかったと「証明する」事実を結果的に生みだすのである。復帰した逸脱者がこの循環にたびたび出あうなら、自分もまた逸脱という役割を完全に卒業していないのではないかと疑いはじめるのは無理もないことである。そしてある種の逸脱行動を再開することによって不安に対処するようになるかもしれない。多くの点で、以上のことが、彼がどんな種類の人間であるかを彼個人とコミュニティで合意する唯一の道となる。

さらにまた、この予言はもっとも責任ある統制機関の公式な政策にも見られる。警察当局は前科者を事件の容疑者の溜まり場とみなさなかったならば真に効果的な活動ができない。また、精神科クリニックは退院した患者の再発の可能性をつねに留意していなければコミュニティでの仕事を成功させることができない。このように自己成就的予言は、コミュニティ全般の情報不足な意識レベルから統制機関の最高の情報を集めた理論レベルまで、社会の階層の多くのレベルで流通するのである。

この問題は西洋では数百年もの間、なんらかの仕方で認知されてきた。この単純な事実には奇妙な含意がある。なぜなら、私たちの文化が長期におよぶ歴史的変動を通じて逸脱の一定の流れを維持して来たとすれば、あらゆる進化論的思想にも当てはまる法則にもとづく強烈な諸力があり、その流れをそのまま完全に持続させるように作用していることを示唆している――そしてこれはその流れが文化全体の存続に何らかの仕方で貢献しているからであろう。だからといって、逸脱は「順機能的」である（この用語のどんな意味においても）と主張するほど十分な保証があるわけではない。しかし、社会学の圏内でしばしばなされる仮説、つまりより構造化された社会は逸脱行動の発生を防止するように設計されているという仮説を疑わせるのに十分である。[注12]

そこで、ちがった面から逸脱について考えをすすめるには新しいメタファーが必要になるだろう。全般に、アメリカの社会学者が最大の関心をそそぐのは、人間行動に集中的に影響をあたえるとされる社会の諸力、つまり人びとを「集団」と呼ばれる群れにかたく結びつけ、「規範」や「規準」と呼ばれる原理の管轄下に支配する諸力である。そのため、社会学者たちがそのデータについて伝統的に問題としてきたのは、社会生活の多様性よりも斉一性《ユニフォーミティ》であった。どのようにして人びとは同じように考え、同じ集団モラルを受け入れ、同じリズムで行動し、人生について同じ見方をすることを学ぶのか？　要するに、いかにして文化は、多様性から統一性《ユニティ》を、葛藤から調和を、混乱から秩序を築きあげるという信じがたい錬金術を完成させているのか？　私たちはしばしば差異があるのは当然のことで、人間の集団が達成している均整は社会構造の造型作用の影響力との関連で説明しなければならないということ以外、注釈の必要もないほどあたりまえであるかのように振舞っている。

だが、多様性もまた社会構造の産物である。ひとつの文化の成員がみんな似たようになることはたしかに驚きだが、その類似性から人びとが複雑な分業を発達させ、多様な経歴の進路にわかれ、共通の領分の全域に分散し、気風も思想信条も服装も雰囲気もそれぞれに異なるようになることも驚くべきである。おそらく、私たちはここで、次のような結論を導くことができよう。いかなる社会にも、それぞれ分かれながら時には競合する二つの流れがある。ひとつは、コミュニティの人びとの間に高度な同調を促進させる諸力であり、人びとはそれによってたがいに何を期待しているかを知ることができる。もうひとつは、ある程度の多様性を奨励する諸力であり、それによって人びとは集団の領域の全体に配置され、その潜勢力を探査し、その容量を測定し、そして逸脱者と呼ばれる者たちの場合はその境界地帯を巡視する。以上のような図式からすれば、逸脱者は集団分化の自然な産物として登場する。逸脱者は社会制度の失敗によってはじき出された欠陥品どころか、コミュニティ全体の分業にかかわる人物なのである。

Ⅲ

前述した命題からは、歴史分析に適用可能な異なったテーマが数多く導きだされる。この節ではそのなかの三つに注目することにしよう。これらのどのテーマも続くあとの章の基調モチーフとなり、そこで社会学的議論を歴史事例に適用して、それが一七世紀ニューイングランドで起こったことの説明に役立つかどうか見てみる。

第一のそしてもっとも重要なテーマは、コミュニティの境界とそこで経験されるさまざまな逸脱の関係性に関するものである。どんな人間のコミュニティもそれに特有の境界があり、独自のアイデンティティをもっている。そのため、どんなコミュニティもそれに固有の逸脱行動の様式も有している。たとえば、財産所有に高い価値をおく社会はそうでない社会よりも大量の窃盗を経験しやすいし、政治的正統性に重きをおく社会はそうでない社会よりも多くの扇動者を発見して罰しようとする。この明らかな対応関係は少なくとも二つの理由で生じる。まず、特定の行動形式によって危機にさらされたと感じるコミュニティはそれにより厳しい制裁を加え、その根絶をめざしてより多くの時間と労力を費やす。けれど、同時に、集団がある価値に特定の関心を表明する、まさにその事実がしばしば成員のなかに逸脱的反応をひき起こす。どんな社会にもそれが集団の重要な価値を傷つけるというただそれだけの理由で逸脱スタイルを「選ぶ」者たちがいる——ある者は内的な欲求によってその価値への挑戦を直接ためし、またある者は、マートンが指摘しているように、規則を守りたいと懸命になるがゆえに不器用にもそれを破ってしまうのである。[注13] いずれの場合も、逸脱者と彼のより因習的な同輩は同じシンボルと意味の世界に生きており、自分たちの周りの領域に似たような利害関心を共有している。窃盗犯とその被害者は財産の価値に共通の関心をもっている。異端者とその審問官は同じ言葉をしゃべり、同じ宗教的神秘に固執している。大逆者と愛国者は同じ政治制度について行動し、時には同じ戦術を用い、しばしば同じ人物であることがある。これはさまつな観察どころではない。こうした一対の対立者はおたがいに慣れていて、歴史的風土にちょっとした変化があれば、容易にその役どころを交替でき、しばしばそうしている。こうした例を、ジョゼフ・コンラッドが小説のなかでみごとに表現している。彼は、警察官と犯罪者が個人的に「同じ戦いのなかで攻守ところを替える」場面を描いている。コンラッドは指摘する、「一方は有益とみなされ、もう一方は害悪とみなされているが、同じ装置《マシン》の産物なのだ。二人はたがいに違うやり方で装置をあつかっている。だが、真剣さにおいて本質は同じなのだ」と。[注14]

つまり、逸脱者と同調者は同じ文化が造りだした、同じ想像力の産物なのである。だから、ある時代にもっとも恐れられる行動ともっとも尊敬される行動はしばしば鏡像をなす――じじつ、観察者が二つを別のものと見ようとしても、別々に見ることはできない。たとえば、二〇世紀のアメリカ人は、窃盗は他の商行為とまったく別の「法の対極にある」ものとみなしている。そして他方、一七世紀のアメリカ人、とりわけニューイングランドに住んでいた彼らは、会衆派教会主義と反律法主義とは神と悪魔のように別ものと考えていた。ところが、現在と過去あるいは他の文化との間で、この種の比較を行なおうとすると、たちまち曖昧模糊になってしまう。ピューリタンが正統と深刻な異端の線をどこに引くかを見極めるには鋭い神学的な眼を要する。もしもピューリタンが二〇世紀のただ中に連れて来られたなら、私たち現代人が適正な性行為とそうでない行為をどう区別しているか、容易には理解できないだろう。もっと卑近な例をあげれば、最近ソヴィエトの状況を語る多くの者は、アメリカの合法企業と違法企業の間に何ら実質的な相違を見ないが、一方、私たちには、ソヴィエトにおける生と死についての見解にさまざまな陰影があるようには思えない。歴史上のある時点で「途轍もない違い」に見えた行為と態度の差異が、他の時点の強烈な光の下では単なる枝葉末節と映るだろう。

マサチューセッツの魔女ヒステリーの絶頂期、住民を恐怖に陥れた魔女たちは実際、彼らを告発した善良な人びととよく似ている、とコットン・マザーは社会学者として認めている。

悪魔がいかに神聖なものの厚顔無恥な偽物を好むかは、魔女たちの告白と被害者が受けた苦しみを伝えるこれらの数例に明白である。……(中略)……魔女たちは語っている。彼らは組合教会のやり方にみならって事を行なっている。彼らの中には主にならって忌々しくも洗礼を行なう者やその代行者がいるのである。……(中略)……厳めしい顔つきで威圧すること、手を触れて悩める者を立ち上がらせること、空中を移動すること、体がトランス状態の間に魂が旅をすること、家畜を狂死させること、自分の名前を台帳に書き込むこと、彼らがしばしば光と炎を身にまとうこと、彼らがその身を隠して見えなくすること、それらはすべて、救世主や預言者あるいは神の国の聖人たちについて記録されているさまざまな事柄の冒涜的な模倣にすぎない。[注15]

このように逸脱と同調が似たものであるなら、逸脱行動がコミュニティに現れるのがまさに恐怖の絶頂期であることは驚くにあたらない。魔女を恐れる者は自分の周囲がまさに魔女だらけであることに気づく。他人の資産を妬む者が盗難に遭いやすいように、だ。そして恐怖が逸脱を生みだすのか、逸脱が恐怖を生みだすのかがよく分からないとすれば、両者の類縁関係は人間事象の絶えざる驚異だからである。魔女と執政官が同じ文化的語彙をもちい、同じ文化的リズムで行動していることは後世の観察者にはわかるが、同時代の者にはなかなか見分けがつかない。彼らにとって、逸脱行動はコミュニティのまさに中心に突き刺さった予期せぬ出来事なのである。この感覚は、マサチューセッツ湾の植民地の逸脱について、ある歴史家が書いたものに見いだせる。

> 我々はここで、告発の精神とそれを呼び覚ます頑固で理不尽で依怙地な精神の間に自然な関係があると指摘しよう。我々は尻込みしながらも言おう。（メイフラワー号の）父たちは、荒野に勇敢に挑む自分たちの冒険がその根を穿つ前に挫折するのではないかと不安だった。……（中略）……彼らの困難は彼らが正しく理解していた形式と様相を呈してやってきた。……（中略）……すぐに明らかになることだが、三〇年間に次々に登場してきた奇妙な男女は、異常なほど多彩な人びとだった。千差万別の意見、グロテスクな特徴、苛立たしく腹立たしい振る舞い。唯一の共通点は、ピューリタンの執政官を悩ませ憤慨させようという目的だけのように思われた。[注16]

執政官たちは執拗なトラブルメーカーの出現の仕方と様相に驚いたことだろう。だが、こうしたことはピューリタンの生活の形態と様相そのものにすぎない。すなわち、ピューリタンの意識の核心にある価値のイメージの反映なのである。実際、のちの章で見るように、アメリカ人のピューリタニズムのかたちが明確な輪郭を描き、それ自身の固有な性質をおび、より広範なコミュニティに占める位置を示すランドマークとなるのは、執政官とあぶれ者の間に行なわれた出逢いによってなのである。逸脱の定義のプロセスにおいて、植民者たちは彼らの新しい領分の境界をも定義したのである。この問題は第三章で詳述しよう。

この序章で第二番目に重要な点は、この研究が社会生活に見られる逸脱の量《ボリューム》の問題を扱うことである。一つのコミュニティが出会う逸脱の総量は時代をこえてかなり一定の傾向があるというのが本研究の議論の一つだ。最初の出発点は、コミュニティが注目する逸脱の数は限られているという単純に物流的《ロジスティック》な事実である。それは逸脱を探索し処理する装置の種類が限られているからであり、またコミュニティに知られる逸脱の率はある程度、社会統制装置の規模と複雑さに関連するからである。コミュニティが逸脱を処理する容量は、いわば、大雑把にみて刑務所の部屋数と病院のベッド数、警察官と精神科医の数、法廷と診療所の数で測ることができる——この総計は関与している人間の心理的動機について少しも重要なことを教えてくれないが、コミュニティが問題をどう見ているかについては語ってくれる。ほとんどのコミュニティは、統制機関の必要な人員数は違反者数に対応すべきだという期待によって運営されている。逸脱行動に「対処」するために割り振られる人員、金額、物資の総量は、時代によって変わるわけではない。コミュニティが警察に人員を配置し精神病者の適切な設備を維持する上に働く暗黙の論理は、予期しうる障害に対する努力がある程度一定であることを前提にしているのである。

その意味では、統制機関は自らの仕事が逸脱をまったく消し去るよりも一定の範囲内にとどめることであると規定しているようだ。たとえば、多くの判事は、厳罰は寛大な罰よりも犯罪の抑止に効果があるとみなしている。そのため、判事らの多くは犯罪が増加していそうな時にはより厳しい刑罰を科し、そうでなさそうな時は寛大になる。それはまるで裁判所が犯罪率を常にコントロールできるようその権力を行使しているようなものである。

概して、私たちは逸脱の量が「正常」とみなされる一定レベルをこえて脅威となる時には緊急の法律を発動する。だが、逸脱の量がその範囲内に収まっている時には同じような慌てた反応はしない。かつてジョージ・バーナード・ショーが指摘したように、犯罪を完全に抑止しようとする社会は違反者にひとしく厳罰を科す。現行の制度については、刑罰は犯罪の状況に応じてさまざまであって当然だという公式に慎重に留意しつつ執行される。これは社会がある種の犯罪を他の犯罪よりも余裕をもって扱っていることを示唆しているかのようだ。こうした観点からみると、どんな社会も犯罪を馴致する装置——つまり犯罪を抑制する刑罰を科す権力——をもっているが、その権力は通常、社会秩序の中の犯罪の総量を減らすよりも一定化するように行使されているのである。

同じような一定化への傾向は精神衛生の領域にもうかがえる。病院の利用可能なベッド数と患者の外泊日数は、病気の人あるいはそうみなすことが可能な人の数をまさにコントロールしているのである。入院待ちの患者数が多くなりすぎた病院の唯一の手段は、入院中の患者をいち早く退院させることである。その逆に、入院待ちの患者数が病院の収入減を来たしたり、教育目的の患者の不足に直面したりした場合は、地域医療の従事者は診断照会を送るよう急かされる。厳しい圧力の場合、医師はひそかに疑いをもっている患者をしばしば手放すことがある。だが、精神衛生の統計はこのような留保された人びとを記録しないし、コミュニティがそうした事実に気づくことはない。コミュニティがその逸脱人口の割合を算定しようとする際、通常、コミュニティの成員に見られる逸脱の動向ではなく、その社会統制装置自体の容量を測定しているのである。

このようなロジスティクスの問題に注意を喚起する理由は、コミュニティがその逸脱問題の規模を検査するための測定道具が貧弱だと指摘するためだけではない。むしろ、コミュニティはその逸脱の定義を行なうことで、その統制装置の内部で自由に振る舞える行動の範囲を決めている――これは一種の逆パーキンソンの法則である。つまり、コミュニティはある量の逸脱行動を扱うためにその統制装置を調整する際、逸脱の量が現実のものになるように問題の法律的かつ精神医学的な定義を適合させる傾向がある。結局、すべての統制機関とすべての統制装備は社会に「必要とされて」いるのだ。警察が今対処している犯罪のほとんどを防止できるようになるとしても、また同時に医学が今扱っている精神障害のほとんどの治療法を発見したとしても、現存する統制装置が使用されなくなることはあるまい。さらには、統制機関は関心を他の行動形態にむけて、これまでなら逸脱とみなされなかった行為のスタイルを逸脱とみなすまでになるかもしれない。

どんな時代でも、コミュニティはその中の「最も悪い」人びとを犯罪者、「最も病んだ」人びとを病人とみなしている。こうした条件が何らかの普遍的な基準にしたがっていかに厳しくとも、である。その意味では、逸脱とは集団的経験の縁の外側に落ちた行動とみなされる。その経験の範囲が広いか狭いかの違いはあってもだ。デュルケームはその初期の論文で教訓的な例を挙げている。

「聖人たち」の社会、模範的な人間が暮らす完璧な修道院を想像してみよう。そこでは犯罪と呼ばれるものは未知である。だが、そこでは俗人のささいな過ちが平凡な意識で平凡になされる違反と同様なスキャンダルとなるだろう。そして、もしその社会が審判と懲罰の権力をもっていたら、そうした行為を犯罪と定義してそのように処理するだろう。[注17]

さらにまた、同様のことはコミュニティがある時期から次の時期へと移行する変化についても言える。コミュニティがそのもっとも周辺の人びとを切り落とすことができるとしても——たとえば、彼らを世界の他の地方に追放したり、貨車何台分も処刑したとしても、コミュニティの逸脱の量が実際に減るとは考えられない。新参の違反者が追放された彼らの空白にやってくるのだ（イギリスがその植民地へ大規模な移送政策を行なった時にそうだったように）。あるいは、統制の機関は新たな目的地に照準をあて、そこで行なわれる行動に関心をいだくようになる。

以上の議論にしたがって、私たちは、あるコミュニティが経験する逸脱の総量は時をこえてかなり一定していることが期待できるのである。この点は第四章に提示した資料に探ることにしよう。

序章の第三の重要点は、さらに注目を要するが、社会がその逸脱的な成員の扱い方に関することである。さきに示唆したように、逸脱的な人間は集団的経験の外の限界に目印を提供し、規範に見通しと範囲を与える対照点をもたらす。もっとも、どんな社会もこのリソースを違った仕方で扱っていることに着目することは重要だ。どの社会も人びとを逸脱的位置に指名する独自の方法、彼らを集団的空間の範囲をこえて配備する独自の方法をもっている。ここでそうした方法を「配備パターン」と呼ぶことにしよう。それは逸脱的人間のフローを集団の境界で規制し、それによってその時点における構造内の逸脱の総量をおさえるのである。

本書の目的は世界各地に見られる配備パターンのさまざまな目録を作成することではない。民族誌の文献に頻繁にあらわれる三つの点を指摘しておこう。第一に、集団の成員が規則を破ることを許容（期待ではないとしても）される特別な日や乱行の期間を指定しており、その季節になると必ず実行される社会がある。第二に、逸脱は思春期や若者一般の「自然な」行動形式とみなされる社会がある。もっとも、彼らがそうした免除を享受するのは成人になる儀式までのことである。最後に、集団の通常の規則をある特定の作法に則って破ることを目的とした特別のクラブなどをもった社会がある。

さて、以上のいずれの場合も、行動の結果がすべて正常な構造をもたらすよう「期待」されているのだ。けっきょく、祭の間、神を冒涜し禁止された食べ物を食べる者は聖なる日の新たなルールに応じているだけである。街頭の騒動に加わり神聖な儀式をけがす若者は年長者からそのように振る舞う一種の許可をえているのであり、集団の通常のしきたりを頑として拒む「反逆児」はだれからもそう期待されているからそうしているだけなのである。こうした規範からの離脱について語る時、明らかに私たちは「逸脱」という言葉をかなり特殊な意味で用いていることになる。けれど、私たちの研究は、私たち自身の文化の中の逸脱行動が私たちが思っている以上にきっちりとパターン化されていることを示唆する。今日の法廷や治療現場で逸脱的に振る舞う人びとは、祭の参加者と同じ意味で「ルール」に応じているのだというのは馬鹿げているだろうか。だが、こうした配備パターンと私たち自身の社会秩序で作用しているメカニズムの間に多くのパラレルなものがあることを指摘するのは有益であろう。

こうしたパターンのすべては集団の成員が何がモラルで何がそうでないかという一線を身近に経験するのに役立つ。それらはある時点におけるシステムの逸脱の量をある程度コントロールする。――それは逸脱を抑えることによってではなく、いわば、ある種の文化的タイムテーブルによって逸脱の出現を調整することによってである。集団は祭の終わりを告げて無礼講をやめさせ、通過儀礼によって騒々しい若者を責任あるおとなに変えさせるが、その時、めざましいコントロールが発揮されるのである。同様のメカニズムは、逸脱行動を統御する「ルール」が明白でない他の文化にも見出せるだろう。

いずれにせよ、以上のような考えを念頭においてニューイングランドのピューリタンの世界に向かい、彼らが逸脱的役割をめぐる活動をどう調整しているかを考えると、さらにもう一つの配備パターンの輪郭が見えてくるだろう。――それは二〇世紀の私たちが今も問題を処理する時に用いているやり方にほかならない。これは第五章の主要なテーマになるだろう。

かくして、これら三つの異なるテーマは続く各章の理論的枠組となるだろう。第三章では初期の湾植民地で起こった三つの「犯罪の波」を検討し、これらの事件がこれから生まれようとする社会の境界を植民者が定義するのにいかに役立ったかを見ることにしよう。第四章は当時から残っている裁判記録を調べ、地域の犯罪率が一定である証拠を探すことになる。最後に、第五章はピューリタンの「配備パターン」に向かい、このパターンが当時の植民者とその後のアメリカ人の逸脱行動への対処法に影響してきたかを検討する。

けれど社会学的議論を歴史事例に適用する前に、彼らピューリタン自身とニューイングランドの森に彼らが築いた植民地そのものをよく知っておこう。

＊訳者注　タイバーン刑場は、イギリス一二世紀から一七八三年まで続いた公開処刑場。最盛期には二〇万人の観衆が集まり、カーニバルの様相を呈した。村上直之『改訂版　近代ジャーナリズムの誕生』（現代人文社、二〇一〇年）を参照。

第二章　マサチューセッツ湾のピューリタン

歴史背景

小学生向けの歴史では、ニューイングランドのピューリタンたちは本国での迫害を逃れ、遠い世界の片隅に新しい文明を築こうとした難民の集団として描かれることが多い。だが実は、このようなストーリーはピューリタンのアメリカ植民を理解するのには役立たない。彼らの冒険の背景となったイギリス国内の事情が軽視されているからだ。この冒険に加わった人びとにとってその体験がなにを意味していたかを知るためには、やがて彼らが作り上げることになる新世界ではなく、彼らがそここそ自分たちの居場所だと見なしていた旧世界にこそ、まず注目しなければならない。

一六世紀初頭、イギリスは大きな転換の最中にあった。中世世界の古い社会は共同的秩序と地方権力によって緊密に織り上げられていたが、その全体がよりおおらかなルネッサンスの図柄にとって代わられつつあった。権力が封建領主から中央政府の手にうつり、封建領主への忠誠心が新しく生まれた愛国心に溶けこみ、もろくなった中世の階級構造が崩れるにつれて、新しい商業形態と新しい思想が発展する都市に導入された。一言でいえば、イギリスの社会生活全体の範囲とテンポが国家的規模で作り変えられつつあった。

この変貌の過程でイギリス人たちは、馴染みのない不安が都市や城砦、尼僧院や修道院の中にまで侵入してくるのを感じた。イギリス人は中世の孤立のなかでそれらによって保護されていたのだが、彼らは次第に自分たちが一つの文化、一つの国家、一つの民族というより大きな秩序に属していることを認識するようになった。それまでは地方の闇の中で生涯を送っていた人びとが新たな可能性にみちた時代に突入し、自分たちをとりまく歴史の流れに敏感になり、日々の事件に強い関心をいだくようになった。だが、この膨張するエネルギーに焦点や方向をあたえる宗教的綱領はイギリスではまだほとんど生まれていなかったし、そのエネルギーに明確な表現をあたえる政治党派もほとんど見あたらなかった。さまざまな点で公衆《パブリック》が、注目に値する明確なイデオロギーを持たぬまま、イギリスに登場しつつあったのである。

一五一七年にマルティン・ルターが有名な挑戦状をカトリック教会に送りつけた時、その反響はイギリスの地方の隅々で感じられた。ルターの教義は論争に枠組をあたえ、人びとがもやもやした気分を声明文にまとめるのを助けた。また論点が集約されたため、人びとはそれぞれの党派の陣営に集結しやすくなった。じっさい、ルター以降一六世紀末までのチューダー朝イギリスの歴史は、大部分、宗教改革の思想がもたらしたイデオロギー再編の歴史である。この時代を通じて、イギリス人は変動する政治情勢につれて離合集散をくりかえしたが、それと平行して、信条や教義による区分線がいくども引きなおされ、人びとはさまざまな党派と派閥、宗派と分派に区分けされた。

この区分線の最初のものは、一五三三年、ヘンリー八世がローマとの決別を宣言したとき突如出現した。通俗の歴史書は時として、ヘンリー八世とローマ法王との不和によってイギリスがプロテスタントとカトリックという明瞭な二つの宗派に二分されたように述べることがあるが、それは誤りである。だが、この不和によって、入り乱れていたさまざまな意見が包括的な二様式に統合され、その結果イギリス思想の輪郭線が明瞭になり、その二様式がやがてプロテスタントとカトリックの形態をとるようになったのは事実である。ヘンリー八世の行動がひきおこしたもっとも重要な結果は、おそらく、宗教問題を国家政策の分野にもちこみ、新しい国家のムードにふさわしい勢いと活気とを宗教問題に与えたことであろう。ヘンリー八世の長い治世の終わりまでに、イギリス人たちは自国の運命を分かちあい、国家宗教にかかわる問題では自分たちの意見も聞かれるべきだと考えるようになっていた。これこそメアリー一世がなかなか理解できなかった情況で、そのため彼女はカトリックを復権させようとする悲劇的な幕間狂言を演ずることになった。これに対して、エリザベス一世は一五八八年に王位についた時にはすでに、姉のメアリー一世にはどうしても理解できなかった真実——イギリス国民はすでに一つの政治勢力に成長しており、宗教的主権の問題を代々の君主の気紛れに任せておくつもりはないという真実——を認識していたのである。

エリザベス一世はこの問題をただちに解決しようとした。即位して二年目、彼女は議会を説得して至上法［国王が教会の首長であることを定めた法令——訳者注］と統一令［祈祷書の一元化を定めた法令——訳者注］を通過させ、英国国教会をほぼ現在の形に確立した。この抜け目のない処置によって、イギリス人の愛国心は政治とは別種の宗教的陣営群に分断される結果となった。エリザベスの解決策は、ローマ教会を拒否し教義上のさまざまな基本事項でルターの基本方針をうけいれた点ではプロテスタントの形態をとったが、同時に管理機構と典礼という上部構造において古いカトリックの範例を保持していた。エリザベスが選んだ立場は、イギリスの世論のまさに中央に位置していたのである。彼女の妥協はあらゆる派閥の穏健派を引きつけるほどの間口をもっていたが、その一方、過激思想に対しては、いずれの陣営であっても、すべての支援を断って孤立させるほど断固としていた。こうしてイギリス宗教改革の政略図はほぼ完全に再編されたのである。右翼に位置するカトリック信奉者には、地下にもぐって嫌々沈黙するか、時おり耐えきれずに暴発して反国王の陰謀にはしる以外ほとんど選択の余地はなかったが、左翼に位置したより戦闘的なプロテスタントたちは新体制内に吸収され、国教会内部の少数意見を構成することになった。彼らは間もなく「ピューリタン」と呼ばれるようになったが、気質的には──綱領的には異なる点もあるが──カルヴィン主義者であり、英国国教会の位階制度とその込み入った儀式典範には同じように根ぶかい不信感をいだいていた。内部にはさまざまな相違があったにせよ、これら初期のピューリタンたちはイギリス思想の新しい強固な傾向を象徴していた。彼らは実践においては厳格、主義においては不寛容、態度においては謹厳な人びとで、真の教会の理想像を思い描いていたから、宗教改革を現在のような未完成な段階で頓挫させるつもりは少しもなかった。

エリザベスは、当時の厳格な基準からすれば宗論上の問題に寛容で、彼女が在位した間、ピューリタン運動は、新興商人階級の支持を得て議会内に足場を築くなど、しだいに勢力を拡大していくことができた。さらに重要だったのは、ピューリタンがこの期間に異議申し立ての方法や折伏法に習熟する機会を得て、それによって民衆にアピールする基盤がかなり広がったことである。少なくとも当面の間ピューリタンは平穏を享受し、熱心な議論と誠実な実践によって女王と他の国民を自派の考え方に改宗させられるという希望を持ちつづけたのである。

ところが、一六〇三年、ジェイムズ一世が従姉エリザベスの王位を継承するためにエディンバラから南下してきた時、このつかの間の休戦は終わりをむかえた。ジェイムズはスコットランド人としてイングランドの法律を軽視し、スチュアート朝の国王らしく王の権威を重視した。ジェイムズはこの二つの性格のせいでたちまちピューリタンの抵抗を激化させたばかりでなく、爆発しやすい議会の不信をかう破目にも陥ったのである。以降の二五年間、議会はますますピューリタンと利害を一致させ、国王に憤懣をいだき、最終的には統治機構の一翼という役割をすてて完全に反対勢力になっていった。ゆっくりと、だが確実に議会人と聖職者が同盟を強め、やがてそれがイギリスを内戦とオリヴァー・クロムウェルの共和制へと導いたのである。一六二五年にチャールズ一世が父親の王位とその政策を継いだとき――もっとも、父親が時おり見せた叡智はほとんど継承しなかったが――、対立抗争の徴候は至るところに明らかだった。

ジョン・ウィンスロップと仲間たちがアメリカへの航海を考えはじめたのは、このような雰囲気の中でのことだった。プロテスタント勢力はヨーロッパ大陸で地歩を失いつつあった。またイギリスでも、厳しいピューリタン弾圧はまだ始まっていなかったが、チャールズ国王と叙任されたばかりのロンドン主教［ピューリタン弾圧で名高いウィリアム・ロード――訳者注］が近い将来その方策を検討すると確言していた。ウィンスロップは当時次のように書いている。「ヨーロッパの他のすべての教会は荒れるにまかされている。主はすでにわれわれの罪に眉を顰め、素気なくわれわれを切り捨てようとされている。不吉な時代が迫っているのだ[注1]」。

この遠征のためになされた準備については、細かいことはほとんど知られていない。だが、不明瞭な輪郭からも、ピューリタンの理想主義の下に潜んでいた実利的気質がよく分かる。主としてノーフォーク、エセックス、サフォークといった東部諸州出身の一群の有力なピューリタンたちが、ニューイングランドの広大な土地にたいする通商権を取得した会社を支配していたのだが、その通商権を認可した勅許状には注目すべき一つの見落としがあって、会社の本部をどこに置くべきかが規定されていなかった。これに対して他の同じような会社は、国内の主要都市の一つに本店を置かなければならなかった。この見落としが偶然によるのか、それとも宮廷内にいた支持者の画策によるのかは分からないが、一行がこの思いがけない見落としを利用したことは間違いない。彼らは残っていた株券を渡航希望者や出資希望者で分担し、その勅許状をもってそのままアメリカにむけて出帆した。これは事実上、法人組織の全体——帳簿類、事務所、株主、取締役のすべて——が国外の新地点に移ったということであって、彼らはその業務手段を市民政府の基礎として活用する用意をすすめていた。勅許状が土地権原証書や基本的定款の役割をはたし、会社の役員が執政官を務め、また株主の定期会合が立法会議となる予定だった。ジョン・ウィンスロップはイギリスを出帆する以前から「総督」と呼ばれていたが、これは彼がやがてその顕職に選出されることを見越していたからではなく、彼がすでに法人組織において現今の「代表取締役」にあたる役職についていたからである。いずれにせよ、広大な土地にたいする支配権を会社にあたえたのは勅許状であって、これによって、会社はその構成員と乗組員に秩序を守らせるのに必要なあらゆる予防措置を講ずる権限をあたえられていた。ほぼ六〇年間、この文書が湾植民地政府に唯一の法的請求権を付与していたのである。

もし誰かがサウサンプトンの桟橋に立って小さな船団がアメリカに出航していくのを見ていたとすれば、それは大事件には見えなかったであろう。たしかにそれは興味ぶかい光景であり劇的な瞬間ではあっただろうが、同じ港を出港して灰色の大西洋に挑んだ船団はすでに数多くあった。他にも問題が山積する土地にあっては、ウィンスロップの一行の出発は行きずりのエピソード以上のものではなかった。全体的にみれば、この移住によってイギリス国内のピューリタン運動が大幅に弱体化することはなかった。最初の船団でイギリスをはなれた数百人のうちには、一群の教養ある紳士階級と国内でもっとも崇敬されるピューリタン聖職者数名が加わっていたが、それらの人びとのうちに議会の経験者はほとんどいなかったし、ピューリタン運動の代弁者として全国に名の通った者は皆無だった。ウィンスロップは下級役人であり、サフォーク州の大荘園の所有者で人格者として知られていたが、特別の著名人ではなく、仲間たちの大半も同じような部類の人びとだった。そしてこのことは、彼らにつづいてその後の十年間にニューイングランドに移住した一万五千人ないし二万人にも当てはまる事実だった。しかしながら、ウィンスロップたちの企図はじつに印象的で純粋なエネルギーを秘めていたから、ピューリタンの隊列のなかでも思慮にとんだ人びとは、次のように問わずにはいられなかった。本国がやがて訪れる闘争で必要としているのは、まさにこのように有益な才幹の持ち主たちではないのか、と。闘いの到来はすでに明白になっていたから、出国していく多くの移住者自身が心の底で同じ問を自問し自答していたにちがいない。一六三〇年四月、ジョン・コットンの送別の説教の語調に勇気づけられ、未来への期待に胸をふくらませながら、四艘の船団がサウサンプトンを離れた時でさえ、ためらいの気分は依然としてあたりに漂っていた。彼らは祖国を去っていくイギリス人、同じ教会から離れていく信仰仲間、困難な時期に離脱していくピューリタン、家庭や家族や友人や経歴を捨てる人びとであった。彼らは自分の知っている唯一の世界を捨てようとしていた。彼らの多くが「自分たちがいまイギリスを捨てようとしているのだから、逆にイギリスも自分たちを見捨てることになりはしないか」という二重の不安を感じはじめたとしても不思議ではないであろう。

ウィンスロップの一派は他の点でもイギリス・ピューリタニズムの主流内で特殊な分流をなしていた。スチュアート朝の初期を通じて、イギリス・ピューリタンの念願は、ジョン・カルヴィンのいるジュネーヴで生み出され、スコットランドの長老派にうけつがれた方向にそって国家教会を確立にすることに主眼をおいていた。だが、主導的なピューリタンたちがこの方向をより明瞭に強調しはじめると、多数の分派が運動の本流から離れて独自の変種を形成しはじめ、その分裂過程がやがてピューリタン門徒を星屑ほどの分派に散乱させることになった。ウィンスロップがアメリカにむけて出帆したとき、この崩壊はまだ大規模には起きていなかったが、まだ党派と呼ぶには尚早にせよ、すでに三つの異なる傾向がピューリタン思想の内部に認められた。右翼には、長老教会《プレズビテリアン》を手本に国家教会を確立しようとする保守的なピューリタンがいた。左翼には、自派の教義の論理を究極まで突きつめて完全に英国国教会と断絶した不寛容な分離派《セパレイティスト》がいた（一〇年前にプリマスに入植したピリグリム・ファーザーズはこの分離派の小グループである）。そして両者の中央に、間もなく会衆教会派《コングリゲイショナリスト》と呼ばれることになる一団の人びとが少々不明瞭な綱領のもとに結集していた。最近の研究によれば、ウィンスロップ一派は大体においてこの中間の位置に属していた。[注2]

会衆派は長老派とは相容れない二つの観念を発展させていた。第一に会衆派は、教会の構成員は神に特別に選ばれた者であることを証明できる「視える聖者」のみに限られるべきだと主張するようになっていた。第二に彼らは、それぞれの会衆は個別に構成された一単位であって、独自に神と契約をむすび、独自に聖職者を選任し、中央の教会組織の支配はうけないと信じていた。ところで、これらの信仰箇条はより伝統的なピューリタンには途方もない大問題であった。全体としてピューリタンは、他の一七世紀人と同じく、教会は国家権力の一機関であって、必要なかぎりの強権をもって宗教的統一を強制するのは当然のことと考えていた。だが、もし教会員が視える聖者だけに限定されるとしたら、はたして教会は社会の残りの人びとにたいして支配権を主張できるだろうか。カルヴィンでさえ、一般住民の五人に一人しか神の恩寵に与れないと見積もったのである。さらに言えば、さまざまな会衆の諸活動を統括する教会に中央集権的な位階制が存在しなければ、かならず発生する思想の分裂や独立をどのように回避できるだろうか。もちろん会衆派はこれらの疑問にたいして説得力のある回答を用意していると信じていたが、その回答の証明は神学上の論証によってではなく、実践的な例証によるしかないことも承知していた。

したがって、英国国教会の足場が安定してくると、会衆派的な考え方を共有するピューリタンは困難な立場においこまれた。彼らは国教会と断絶して、追放中の分離派に合流することは望まなかったが、同時に、国教会が基礎をおいている信条のほとんどに断固として反対した。ピューリタン聖職者はこの問題に、少なくとも数年間は、慎重な言い回しの意見表明書を連発するという形で対処した。彼らは次のように説明した。英国国教会は、相変わらず厄介な過ちを抱えつづけているにしても、「真正の」教会であって、信徒がこれらの過ちを正そうと絶えず努力するかぎり、彼らが国教会の枠内で救済を追求することはまったく正当である、と。ある年長の聖職者が微妙な言い回しで以下のように指摘した。「我々は国教会と絶縁するのではない。国教会の中の罪ある事柄とのみ絶縁しようとしているのであって、その目指すところは、我々と国教徒が、ともに福音書の真理に結ばれている者として、いつの日か同じ契りのなかでより親しくより緊密に結び合わされることである」[注3]。この論法にとって具合がわるかったのは、ピューリタンが列挙した「過ち」のリストがたちまち途方もない長さに達したことで、これは多くの批判者が大喜びで指摘した通りである。会衆派は、さまざまな実際的な目的から、英国国教会は「真正の」教会だと主張していたが、それには、国教会の組織、儀式、教会員、聖職者が誤っていなければ、という条件がついていた。これが「真正の」教会への痛烈な告発になることは付言するまでもない。

このような立場が批判者を納得させなかったのは驚くにはあたるまい。プロテスタント各派のパンフレット作成者たちは、会衆派は旗幟を鮮明にして国教会から離脱すべきだ、と文句を言いはじめた。文句の理由はさまざまだった。国教会派はピューリタン運動全体を撹乱したかったからだし、長老派は同じ非国教派でも少なくともこの党派とだけは袂を分かちたかったからだし、また分離派は説得（あるいは論破）によって折伏できそうな仲間を必要としていたからだった。その結果、会衆派は本末転倒にちかい立場に追いこまれた。国教会への忠誠を守るためには、自己の内部の宗教感情に反する主義にあわせて行動しなければならなかったが、それればかりでなく、イギリスにおいて唯一教義の根底を同じくする人びとを拒絶する必要もあったのである。

もちろんこのジレンマを解消する明確な方法は、堂々かつ整然と撤退することだったが、会衆派は、国教会との間に物理的な距離をおくことで思想的に国教会の内部に留まれるならば、そのほうがずっと好都合だと考えたのであろう。我々の宗教理念を遠隔の地アメリカに移し、そこで国教会への忠誠を宣言すれば、その宣言は国教会の耳に届くだろうが、我々が実際にやっている行為を国教会がその目で見ることはできない。これは好都合ではないだろうか。このような考えがどの程度最終的な決定に作用したかは分からないが、ウィンスロップとその仲間たちは慎重に、国教会から離脱するつもりはないと念を押した。すでに示唆したように、彼らの勅許状には法的な欠陥があったから、このように言うしかなかったのだが、いま一つ記憶しておくべきことは、この集団の首唱者たちがイギリスのジェントリーだったということである。イギリス・ジェントリーは紳士階級の伝統に忠実で、法の裏付けをもつ権威には本能的に反抗したがらない。これらの人びとがピューリタン革命などの内戦を目撃する時期までイギリス国内に留まっていたならば、いったいどのような役割を演ずることになったかを想像するのは興味ぶかい。というのは、彼らのうちの何人かは、残部議会の議席に坐ったり、クロムウェル軍の野営地の焚き火を囲んだりして、異彩を放ったにちがいないからだ。だが、一〇年後の彼らの進路がどうあったにせよ、より平穏だった一六三〇年には、彼らは英国王とその国教会から離反する気持にはならなかったのである。

植民会社がマサチューセッツに定着した後、トマス・シェパードとジョン・アリンは以下のように書いた。「我々についていえば、この地方に向けての我々の出発は（厳密に解釈すれば）分離ではなく合法的な継承、すなわち腐敗した教会からより純粋な教会への神聖なる転換、と我々は見なしている」[注4]。

これこそ、初期ピューリタンのアメリカ体験の主調音だった。新しい植民地は古いイギリスの合法的な延長でなければならなかったが、同時に、本国のすべての悪弊を精神的に修正するものでなければならなかった。ピューリタン理論から聖者たちのコミュニティという現実への「神聖なる転換」であり、「神の都市」の設計図でなければならなかった。もちろん、時が経つにつれて、最初の冒険を生み出した思想は失われ、旧世界との接点のない世代が新世界に生まれてきて、しばらくすると、希望にみちていたユートピアは、イギリス以外の尺度で自分たちの実績を計ろうとする自信たっぷりの国民に変貌していたのである。新世代のマサチューセッツの息子や娘たちは、ロード大主教のことより、新大陸の森や海のほうをよく知っていた。この新世代の手によって、ピューリタン的な恩寵の感覚はその神秘性を失い、ヤンキーらしい確固たる現実主義に変っていった。

その一方、第一世代の入植者は原生林の下生えを刈りはらい、その跡に「神の言葉」の生きた記念碑を建てはじめたが、それは、神が意図したとおりの自治を人間がこの地上で行なえることを例証する実践だった。だが、この聖なる実験の性格を解明する前に、これら最初の入植者たちがどのような人びとだったかをもっと詳細に考察しておこう。

ピューリタンのエートス

ピューリタンの歴史を書くことの難しさの一つは、出来事が体験されたときよりはるかに整然と記述されてしまうことである。さまざまな出来事の中に変化を生み出すあるパターンがあったことに気づくのは、歴史の流れがある政府を押し流したり、古い考え方を変えたりした後になってのことが多いのだが、私たちはそのパターンが最初から歴然と見えていたかのように記述しがちである。けれども、出来事は事後になってはじめて明確な輪郭をとるのであって、その出来事を体験している者には、後代の私たちには明らかに思えるその輪郭が感じられていない場合があることは認識しておくべきである。この事実はピューリタンの「エートス」や「世界観」に目を向ける場合、とくによく当てはまる。イギリス・ピューリタンは近代世界の相貌を一変させる大変動をひき起こした。したがって、私たちがその一連の推移に一つの条理、言いかえれば、その劇的展開に原動力をあたえた「運動」や「原因」を見出そうとするのは自然な成り行きである。けれども、初期のピューリタニズムをみる場合、もし形式的な体系にばかり目を向けて、その主観的な訴えを見落とすならば、この運動の基底にあった力を見誤ることになるだろう。イギリスのピューリタニズムは、信条や綱領の形をとる以前は、奥深い宗教的情緒だった。じっさい、ピューリタニズムが大西洋の両岸で破綻した原因は、その当初の生命力や活力を殺ぐことなくこの宗教的情緒を教義に転換することができなかったところにあったのかもしれない。したがって、ピューリタン革命以前のピューリタニズムを語る場合、体系化された理論を論ずると同時に、その出発点となった情緒的な傾向も論じ、政治綱領をあつかうと同時に、その土台となったイデオロギー的姿勢もあつかわなければならない。重要なことは、そうした傾向や姿勢は、それらがもっとも深く感得された時代にあってさえ、把握しにくいものだったことを認識しておくことである。

もともと「ピューリタン」は嘲りの用語で、国教会の機能に不満をもらす人びとにたいしてかなりいい加減に用いられていたようだ。彼らの異議申立てがきわめて些末になることもあったので、やがてこの用語は、理屈っぽく頑固な気質、一般人には分からない専門的事項への陰気な拘りを指すようになっていった。エリザベス女王自身、ピューリタンは「まるで法律家が遺言書を扱うように神慮を事細かに解釈しすぎて、全能なる神にたいし厚かましすぎる」[注5]と不平を漏らしたことがあった。次の一節は別の観察者が一六二三年に書きとめたものである。

ピューリタンと呼ばれる人びとをたくさん見かけるが、その名を甘受する人にはほとんど、いやまったく会ったことがない。その理由は間違いなく以下のことである。つまり、この用語が大体において悪名と見なされ、またつい最近できた言葉であるため、まだ定義が定まっていないからなのだ。この言葉は、誰か特定の人物――たとえばその人の文章の要約が書物に紹介されているといった人びと――に由来する呼称ではない。このため、私たちはしばしばその用法を誤るのである（中略）。ある人は、ピューリタンとは宗教的な生活をおくり底抜けのバカ騒ぎを慎む人びとのことだと考える。またある人は、いくつかの教義に関してだけ変わった考え方をする人びとのことだと考える。さらにまた別の人は、瀆神の言葉を口にしない人びとがピューリタンだと考える。まったくの話、ピューリタンの定義は大仕事だと私は思う。たしかにピューリタンと呼ばれるのを喜ぶ人がいることは知っているが、そういう人がこの言葉をよく理解していないということはさらに一層たしかである。現代においてピューリタンをより一般的に解釈するならば、「反国教会派」と呼んでよいだろうし、自分たちの思い通りにするため規律を排除しようとする人びとと呼んでもよいかもしれない。[注6]

したがって、当時の多くのイギリス人にとってピューリタニズムは、今日のキリスト教原理主義と同様、伝統的価値の苛立たしい誇張と思われていた。彼らの不平不満がどのようなものであれ、ピューリタンは通常のユーモア感覚と通常のバランス感覚を欠いた連中と思われていた。国教会の権威にしつこく異論を唱え、「黒白をつけがたい教義について至る所でわめき」[注7]ちらしたからである。

だが、ピューリタンのこうした神学上の奇矯さは、スチュアート朝初期の国王たちには、とくべつ不吉な印象をあたえた。コーヒーハウスに集う紳士たちならば、ピューリタンを論争好きで気違いじみた連中と見下せばよかったであろうが、ジェームズ一世とチャールズ一世はそうした謹厳なピューリタン兵士たちに底知れぬ脅威を見てとった。彼らにとってピューリタニズムは、宗派、政治党派、革命勢力を意味したのであり、そのいずれの点でも、王位にとって明白な危険だった。もっとも、この問題について国王が自分の感情をもっとも率直に示した時でさえ、一般国民ばかりか国王の廷臣の中にも、ピューリタンが何者で、なにを企んでいるか、明言できる者はほとんどいなかった。たとえば、以下の書簡はダブリン在住のある人物が一六二〇年に宮廷にいる友人に宛てたものだが、アイルランド人の改宗を円滑に進めるため国王が「ピューリタン」という言葉の定義に努めるべきだと求めている。

このピューリタンという名前のせいで国教会がこうむっている痛手に貴方は気づいておられるでしょうし、陛下のご叡慮がいかに損ねられ不当に扱われているかもご承知でしょう。教皇とカトリック教がもてはやされるこの哀れな国アイルランドでは、とくにそれがひどいのです（中略）。当地の司祭たちは悪賢いカトリック教徒を煽って、国教会の牧師と国教徒をクソミソに罵らせています。そういう連中は、国教会がピューリタニズムというこの呪わしい異端の種をアイルランドに蒔こうとしていると言っています。というのも、その言葉は、意味はよく分からないのですが、陛下が嫌っておられることだけは知れ渡っていますので、多くの人びとは福音に与るのを恐れているのです。（中略）ですから、さらに大きな害悪が起きないように、ピューリタンの意味を明確にしてくださるよう陛下に嘆願されるのが得策かと思われます。そうなれば、あの口さがない敵どもの口を塞ぐことができるでしょう[注8]。

ジェイムズ一世が王位にとってのピューリタンの危険性をどれほど強く感じていたにしても、彼は「ピューリタン」を定義しにくいと感じたであろう。それは驚くにはあたらない。なぜなら、後年、ピューリタン革命の熱狂に巻きこまれていった人びとの多くは、おのれを駆り立てている力がなにかを自分自身よく理解していなかったからである。ピューリタン運動には非常に雑多な人びとが参加した。彼らは一六四〇年台初頭に初めて顔を合わせ、国王打倒の戦闘を開始するまで行動を共にするが、その後分裂して各自がもと来た方向へと、それぞれの夢想に駆り立てられ、またそれぞれの確信の命ずるまま散っていった。これらの人びとがどのような人たちだったのか、あるいは彼らが最終的にどこに向かったのかは同時代の観察者にとっては見やすい問題ではなかったし、後代の歴史家にとってもそれは同様である。

けれども、マサチューセッツ湾に移住したグループは、教義に関してはかなり均質であったように思える。これらニューイングランドの思想は、これまでに、ペリー・ミラーの著作[注9]を始めとする多くの勝れた研究で論じられてきたから、以下の小論はピューリタン理論ではなく、その理論から生み出された「世界観」を扱うことになる。

ピューリタニズムはその盛時においても「危険で新奇なもの」と呼ばれていたが、その運動の当初の雰囲気は宗教改革というより信仰復興のそれであった。一般的にいって、ピューリタンの信仰は素朴なノスタルジアから始まった。キリスト教徒としてピューリタンが求めたのは神の恩寵を身をもって体験すること、すなわち直接神に触れ、神に触れられるチャンスを切望したのだった。この目的にとって国教会の厳格な形式的儀礼が邪魔になると感じたとき、ピューリタンは神と人間を仲介すべく社会が作り出したほとんどすべての宗教制度に怒りを向けるようになった。国教会の礼拝式の儀礼や装飾は繁りすぎた葉群のように神の姿を見えなくさせるもの、また組織だった国教会の複雑な位階制度は敬神の心の表出を妨げる目の詰んだフィルターのようなものと映った。ピューリタンは、教会を一二使徒の時代の素朴さにもどすことを望んだが、それこそ彼らの方針そのものだったのだ。彼らは祈りの言葉を自分で選ぶことを望み、礼拝には質素な道具立てを望んだ。またキリスト教信仰の素朴な核のまわりにカサブタのようにこびりついた装飾や階級章、規則や定式をとり除きたいと願った。前述の観察者が、ピューリタンを「自分たちの思い通りにするため規律を排除しようとする人びと」と述べた時に考えていたのはこうしたことだったろう。

だが、この観察は全面的に正当だとはいえない。ピューリタンも、キリスト教世界の全主教を合計したのと同じくらい強固な権威の拠りどころ——すなわち聖書そのもの——を提示することができたからだ。おそらくピューリタンと国教徒のもっとも重要な相違点は、ピューリタンが聖書をキリスト教徒の生活の完璧な手引書であり、人間の統治に必要なすべての法令と規則の縮刷版と見なしていた点であろう。聖書は、教会組織というより大きな問題のための規準ばかりでなく、日常生活の些事のための基準もあたえてくれるものだった。そのため、多くのピューリタンが次のような要求を堂々と言いはることができたのだ。司祭さんは法衣に標章をつけておられるが、そのようなぜいたく品を正当化する根拠を聖書から引用できなければ、その標章は外すべきでしょう、と。上記の観察者とは反対に、エリザベス女王がピューリタンを法律家にたとえてその狭隘な字句解釈に不平をもらした時、彼女が言わんとしたのはこのようなことだったろう。ピューリタンは重箱の隅をつつくような人びとと思われたのである。

ほとんどの信仰復興運動と同様、ピューリタニズムも組織だった教義から出発したのではなかった。ピューリタニズムが少数の帰依者だけのもので、大衆的な聖職者が鼓吹する奥深い敬神の感覚であるうちは、それはある種の新鮮さと活力を保持し、計り知れない訴求力をもっていた。ところが、この主観的な気分が主義主張の言説に転化されると、コミュニティには理解しがたいような刺々しい教義へと一変した。神の恩寵への渇望をピューリタンに産みつけた緊張感、彼らの戒律を異常なまでに研ぎ澄まさせた心的葛藤、彼らをたえず堕罪の恐怖に追いこむ不安感――こうした内的な重圧のすべてが、言語表現に移し変えられると、矛盾だらけに見えてきた。感情やイデオロギーの雰囲気は容易には文章化できなかったのである。

マサチューセッツにやって来た最初のピューリタンは、自分たちの理論の矛盾に気づいていなかったし――たとえ気づいても気にかけなかっただろうが――、自分たちの立場は堅牢無比な論理に基づいていると確信しつづけた。自分たちはすべての真理を発見したとピューリタンは信じていたのであって、彼らの論理の根源的な力がその確信から生まれていたことは理解しておくべき重要な事実である。ピューリタンの論理は真理を学ぶための方法論ではなく、真理を他者に伝達するためのレトリックだった。ピューリタンの議論という霧の中を手探りで進もうとしている二〇世紀の読者は、遅かれ早かれ、彼らの論理はすべてを呑みこむ詭弁のオンパレードに他ならないと判定するかもしれない。だが、真理をすでに知っている人間には細かな手順をふんで帰納的に真理を論証する必要などないことを思い起こすべきである。ピューリタンが見ていた真理はいたって簡明だった。すなわち、神は、地上においては神を代理し、天国では神と合一するエリートを選ばれた。このエリートに属する人びとは深い回心体験によって召命を知るのであって、その回心体験が彼らに他の人びとの運命を左右する特別の責任と能力を授けるのである。恩寵の瞬間に浴したことのない人びとは回心の意味を理解できず、したがって真理を伝える資格も、人びとの統治を分担する資格もない。一七世紀のピューリタニズムには一九世紀のマルキシズムの基本精神を先取りしているかのような点がいくつかあるが、このエリート観はその一つである。つまり、一七世紀の神に見放された人びとは一九世紀のブルジョワジーと同じであって、どれほど共感をいだいて努力しても、真理を真に理解することはできず、したがって、彼らは、真理を理解している人びとの勝れた洞察に服従したほうが賢明なのだ。

ピューリタンは、その教養のほとんどが保守主義と主知主義でできていたにもかかわらず、時として同時代の政治の趨勢から乖離することがあった。それは彼らが一種の文化的宙づり状態のなかで暮らしていたためで、第一にピューリタンは、一人ひとりの人間に歴史と社会における自分の立ち位置を実感させる文化的ランドマーク――国民的アイデンティティの一部をなす民間伝承や伝統、芸術や文学、記念碑や記念物など――の多くから距離を置いていた。だが、さらに言えばピューリタンは、通常の人びとの過去との接し方にたいして関心も敬意もほとんど持っていなかった。ピューリタンの理解する歴史は主として宗教的衰退の物語であり、騎士や王侯、戦争と王国の退屈な年代記などは生の根本的な実在とはなんの係りもないと彼らは考えていた。実在はある特定の時間や空間に属するものではなかった。それは神の構想力から生まれたもので、人間がこの真理と折り合える唯一の希望は、神が自らの意図を概説された一つの文書――聖書――に傾倒すること以外にありえなかった。

だが、聖書は単なる神の意図の告知ではなかった。それは起こりうるすべての人間体験のカタログであり、過去の歴史と未来のそれとの要約であった。時間は秩序正しく流れているという幻想を人間にあたえる生活上の出来事は、神の心にやどった考えの反響にすぎず、その考えは聖書のなかに永遠に記録されている。つまりピューリタンの世界は、時系列ではなく相似関係によって形成されていた。現在の世界で起きるすべてのことは、すでに起きたことのおぼろげな再現であり、なにがしかの神の真理の反復なのである。だからピューリタンは、周囲の世界をよく観察すれば、自分たちの体験の元になった原型を発見できると考えていた。真の意味において、彼らは「日の下には新しきものあらざるなり」[「伝道の書」一章九節──訳者注]ということを知っていたのである。

こうしたことすべてが、ピューリタニズムの矛盾をより先鋭化させているように思われる。ピューリタンの心の中でさまざまな主題が揺れ動いている姿を想像すると、同時代の多くのイギリス人が下した結論──ピューリタンの生き方はさまざまなパラドックスで織り上げられた織物だ──が理解しやすくなる。

最初のパラドックスが露呈するのは、ピューリタンを一七世紀の歴史的文脈に位置づけようとする時である。その理由は、ピューリタニズムが中世の生き残りであると同時に、中世が象徴するあらゆる物への断固たる抗議でもあるように思われるからだ。他のいかなるプロテスタントのヨーロッパ人に比べても、ピューリタンはより多くのイメージを中世末期の宗教から借用し、蔓延する終末感、必死な敬神の念、堕罪の不安への没入を中世人と共有していた。だが、それと同時にピューリタンは、中世の苛酷な宇宙観を相殺していた華やかさと祝祭気分、彩りと品格をほとんどすべて拒絶した。一七世紀のマサチューセッツには一五世紀のフランスと同様の宿命論が見られるが、避難所《アジール》でもあった壮麗な大聖堂や、恐怖を和らげてくれた楽しげな鐘の音はどこにもなく、憐れみぶかい聖母マリアの精神も見あたらない。さまざまな点でピューリタンは中世の伝統の直系の子孫だったが、その他の点では中世の遺産にもっとも激しく抵抗するヨーロッパ人だったのである。

第二のパラドックスは、ピューリタンが驚くほどの自負と謙虚さをおなじ枠の中で結合させることができたという点である。一方で彼らは、この罪深い世界の取るに足りない産物であり、神の目から見ると強欲で軽蔑すべき下賤な生き物だったが、その同じ生き物が天使に似せて作られており、神の信任をうけて異教徒を改宗させ、高慢な者をうち倒し、罪ある者を懲らし、主の御名において行動する権限を与えられていたのである。したがってピューリタンは常に二重性をおびて見える。ピューリタンは、告白の場では、自分は無価値で見下げはてた存在だと主張するが、公の場で語る時には、キリスト教世界のすべての因習に挑戦するのが自分の特権であり義務だと宣言するのである。謙虚さはピューリタンの清浄さの証しだが、逆にその清浄さは全世界の人びとを自分たちの考え方に回心させる根拠にもなるのである。ジェイムズ一世がこの両義性を痛感していたことは、以下の引用に明らかである。

ある高慢なピューリタンは「我々は卑しいウジ虫に他ならないが、その一方、裁判を行ない、国王に順法をもとめ、しかも何者からも裁かれず支配されもしないのである」と述べている。なんと首尾の通らぬ謙虚さだろう。こんな連中の黒い縁なし帽の下には、アレキサンダー大王の王冠の下より大きな自負心があるにちがいない。[注10]

第三のパラドックスは、ピューリタンの物の見方が確信と疑念の間を絶えず揺れ動きながら平衡をもとめていたことである。彼らの教義の苛酷な論理によれば、ピューリタンは自己の感覚があたえる証拠をつねに疑わねばならず、一方彼らの宗旨の基本的な教えは疑ってはならならなかった。人生は恩寵の証しをもとめる長く苦しい探求であった。恩寵を求める人びとは自己の意識の隅々まで回心の兆しを探しまわらなければならなかった。彼らは自己の想念をこまかく検討し、自己の気分を吟味し、自己の衝動のすべてを精査しなければならなかった。気を緩めていると罪がいつ魂に忍びこむかしれなかったから、こうした自己解剖で気を抜くことは許されなかった。この探求のひたむきさはしばしば感動的である。ボストン近傍のクインジーのある石工は日記に次のように書いた。

私はいま四〇歳だが、振り返ってみて、いかに無益な時間を過ごしてきたかを考えると恥じ入るほかない。私の魂に真の恩寵がもたらされるかどうか見当がつかない。私のなかの堕落は強大なのに、恩寵は——かりにあるとしても——弱々しく力がない。[注11]

また、ジョン・ウィンスロップが日記で伝えているように、責めさいなむ疑念が恐ろしい暴力となって噴出することもある。

ボストンの会衆の中の一人の女性が、自分の魂の帰属に心を悩ませた挙句、ついに絶望におちいって慰めの言葉も耳に入らなくなり、ある日幼いわが子を井戸に投げ込んだ末、家に駆け込んで、「さあ、これで私は呪われた者と決まったわ。わが子を溺れ死なせてきたんですから」と言った[注12]（後略）。

もっとも、この不安がおよぼした重要な影響のひとつは、この不安によって既知の事柄にたいするピューリタンの確信がさらに強められたことだった。彼らは聖書から善と悪の違いを教えられた。そのため、その明快な道徳律にあわせて世界を築くにあたって、彼らは確信をもって残忍になることができた。マサチューセッツは、理にかなった論争という考えそのものが馬鹿げたものと見なされる社会だった。真理とは、結局、皆の持っている聖書に書かれているとおりの平明なものではないか。その真理を有難い牧師様から解き明かしていただいてもなお疑念をいだくような人間は、救いようのない欠陥をもっているか、悪魔の罠に捕らえられているか、どちらかにちがいない。合理的な論証がピューリタンの確信を揺るがしたり、巧妙な論理展開がピューリタンを混乱させたりした場合、悪魔がなにか悪巧みを廻らしているのではないか、と考えるのは彼らとしては当然だったのである。ハーヴァード大学の学長で幼児洗礼に反対意見をもっていたためすぐに解雇された人物がいるが、その学長がある日一人の指導的な牧師に自説を開陳したことがあった。その牧師が日記に次のように書いている。

その日（中略）彼の所から出てきた後、私は奇妙な体験をした。私の心に幼児洗礼に反対する意見が次々に浮かんできて、別のやり方の方が正しいのではないか、幼児洗礼は人間の捏《でっ》ちあげではないか、子どもに洗礼をほどこして良心は傷まないか等々といった疑念や想念が湧きあがった。これらの考えがある種の印象とともに飛び込んできて、私の魂に奇妙な吐き気をのこした。もっとも私は、それらが悪魔の考えであることは間違いないとも考えた。（中略）そして必要もないのにD氏（ダンスター氏）を訪問するのが怖くなった。彼の示唆や議論には幼児洗礼にたいする毒と瘴気が感じられると思ったからだ。[注13]

ピューリタンの聖者にとっては、たとえそれが右の例のように湾植民地が生んだ最高の知性の持ち主のひとりであっても、その疑惑はたしかに「奇妙な体験」だったにちがいない。

したがって、全体としてピューリタンの世界はどちらを向いてもどぎついコントラストで成り立っており、その結果ピューリタンは超自然的なものたいして特別な感受性をもつようになった。この点でもピューリタンは祖先にあたる中世人を思い起こさせるのであって、両者は同じような盲信性、驚異や神秘にたいする同じような感覚、木の葉の戦《そよ》ぎや突然の歯痛や予想外の出来事に隠された意味を読みとる同じような能力を共有していた。ピューリタンは自然の至るところに神の声を聞くことができたし、幼児のような畏怖心をもって神の声に耳を澄ます方法を心得ていた。

だが、ニューイングランドの体験がはらんでいたおそらく最大のパラドックス（そして現在の論考にもっとも関連しているパラドックス）は、ピューリタン信仰の内的要素と、その信仰が助長した外的条件がしばしば矛盾しているように思われたという点である。後の章で見るように、湾植民地のピューリタニズムは、結果的に互いに矛盾するもの――たとえば個人の自由の尊重と外的規律の必要、個人のプライバシーの感覚と公的な説明責任体制、自己主張への信頼と気紛れな運命の甘受――を生み出した。これら相矛盾する性質の組み合せを統合することは、入植初期を通じてのピューリタニズムの主たるジレンマであった。

ピューリタンのエートスの自己矛盾に関する以上の議論は、エリック・H・エリクソンの以下の一節を想起させる。

平凡な言い方になるが、真にアメリカ的だと考えられるようになった特質は、いずれもそれと同じくらい特徴的な正反対の特質も備えていることを示すことができる。それはあらゆる国の「国民性」ないしは国民的アイデンティティ（と私は呼びたいが）に当てはまることではないか、と人びとは思うだろう。じっさいそれは当てはまりすぎるので、結論としてというより前提として以下のような命題を掲げることができるかもしれない。すなわち、国民的アイデンティティは、歴史が正反対の可能性を対置させる、そのさせ方から生まれてくるのであって、この対位法をある文明独特の様式に高めるような対置のさせ方もあれば、分裂させて単なる矛盾に堕さしめる対置のさせ方もあるのである。[注14]

ニューイングランドの荒野にいるのは自分たちだけだと悟ったとき、ピューリタンはこうした幾組ものパラドックスを釣り合わせ、しかもそれらを結合させて一つの国民的アイデンティティを生み出す方法を発見しなければならなくなった。しかもその国民的アイデンティティは彼らが構築すると公約した聖なる共和制を反映するものでなければならなかった。ピューリタンの実験は、抽象的な理論と実践的経験を合体させる努力、不完全だらけの世界で完全性を追求する努力だった。その努力は矛盾を生まずにいなかったから、入植者たちの主要な課題は、もっとも崇高な理想とケチくさい生活の便法を二つながら表現し、しかも両者の相違を「単なる矛盾」に陥らせないような統治機構を新世界に創出することになったのである。

この問題は、法体系を整備しようとする入植者たちの試みの中に、もっともよい例証を見出すことができる。

法と権威

マサチューセッツ湾植民地の法体系はいくつかの重要な点で異例だった。それは、ピューリタン世界の各方面から集められ、きわめて短期間にまとめられた雑多な要素の寄せ集めだった。マサチューセッツの法律は、イギリスのコモン・ローとは違い、熟成のための時間をもてなかった。すぐに使用する目的で作られ、またもともと融合しにくい要素も結合されていた。すなわち旧約聖書の好戦性から活力を得ている教義と、イギリス法の伝統的な王権への防衛装置を受け継いだ政治理論が結合されていた。このような融合しそうにないものの結合から生まれた法体系は、ピューリタンの規律感覚と法意識について多くのことを教えてくれる。

マサチューセッツ湾植民地政府は元来、その占有地に対する管轄権をもつ商社として勅許があたえられたことを思い出してほしい。その勅許状によれば、商社は毎年株主が選出する総督（一名）、副総督（一名）および参議団（一八名）によって運営されることになっていた。この役員団は、数名の執務職員もふくめ、毎月一度、現在でいう「幹部議員会議」のような会合を開き、会社の通常業務を処理した。「自由民」と呼ばれた大多数の株主たちは、年に四回、総会に集まり、以下のような方針に則って新会員の入会を認め、役員を選出し、規則を制定した。

上記の会社の利益と福利を守り、また上述の土地と植民地および居住者または居住予定者を統治し規制することを目的とし（中略）、これらの法律と布告がイギリスの法律と法令に背馳または矛盾しないようにすることを旨とする。[注15]

初期の入植者が自分たちの共和政体を構築するために依拠した基本的枠組は、実際上以上のようなものだった。植民者たちに求められていたのは母国の法律の遵守だけだったから、初めのうち勅許状の条件はとくに制約的とは感じられなかった。だがマサチューセッツの岸辺に降り立ったピューリタンたちは、そのような緩やかな制限であっても、自分たちの実験がその制限内におさまるとはまったく信じていなかった。そのため湾植民地の初期の歴史は、宗教的コミュニティにおいて市民法はいかなる位置を占めるべきかという決着のつかない論争がその特色となった。入植者たちは、入植早々、大西洋をこえて運んできたイデオロギーという積荷に潜んでいた一つの問題と直面しなければならなかった。ピューリタニズムは、元来、既存の秩序に反対する立場としてイギリスに誕生し、その後の進展の中で情宣の文体と戦術感覚を培ってきたが、それらはさまざまの点で、新法の起草より、既存の法律への反論により適していた。初期の時代をつうじてピューリタン運動を育んできたこの抗議の気分をどうにかして転換させ、新たな種類の党派愛と党律を生み出していく必要があった。

その上、新たな入植者たちは法律問題にさほど通じていなかった。一つには、コモン・ローが国王大権裁判所やさまざまな種類のローマ法を最終的に継承するものとしてイギリスに出現しつつあったが、その変化はごく最近のことで、その意味があまり理解されておらず、「イギリスの法律と法令」がいかなるものかを自信をもって語れる人間は大西洋のどちら側にもほとんど皆無だった。この時期は法学者エドワード・コーク卿が名著『イギリス法提要』の編纂を開始したばかりの頃で、イギリス議会が再招集されるのは一六四一年になってからのことである。事件の多かったこの英国史の休止期間をつうじて、これまでとは違う法伝統を求める人びとが、国法はいかにあるべきかを決定する最後の決戦にむけて、戦備を整えていた。その上、最初の入植者のグループには、憲法をよく知る人間がほとんどいなかった。したがって、最初の移民の波とともに大西洋を渡った法思想はまさに継ぎはぎの寄せ集めで、コモン・ローのわずかな基本条項、特定の法令に関するある程度の知識、イギリス全国のさまざまな法域で発展した慣行や慣習法についての大まかな知識でなりたっていた。[注16]

しかしながら、ピューリタン法思想のもっとも重要な根拠は聖書自体だった。後代のピューリタン法がどの程度聖書に依拠していたかは歴史家の間でしばしば論じられてきたが、最初期の入植者が自分たちの法体系をほぼ全面的に聖書の権威に基礎づけようとしたことにはほとんど疑問の余地がない。なんと言っても、それこそ彼らの実験全体の主要目的の一つだったのだ。すなわち、日常茶飯事の指針としてだけでなく、人間統治の基礎としても、神の言葉（福音）が有効に役立つことの証明を彼らは目指していたのである。

だが、この真摯な計画は、実行してみると、少々不具合なことが判明した。神の言葉は、説教壇から読み聞かされる時には、人びとに明快な道しるべを与えてくれるように思われたが、法廷で民法、刑法の通常の事例を裁定するのに使ってみると、さほど的確とは思われなくなった。聖書には、その命令口調にもかかわらず、法規と解釈できる章句はほとんどなく、神の掟が細かく述べられている個所でも、個々の違法行為にたいする適正な罰則を知ることは困難だった。このためピューリタンの法廷はたえず推測や解釈の迷路に迷いこんだ。夜盗で有罪となった人間にはどんな刑罰が適正か。殺人未遂は死刑相当罪として審理すべきかどうか。イギリス人入植者がインディアン女性と同衾していた場合姦通法は適用されるのか。聖書の物語には先例のない新しい恐るべき罪が毎日のように法廷に持ち出され、その一例一例について指導者たちは、目の前の緊急事態に適用できる判例を発見すべく、蔵書や記憶をくまなく探りまわらねばならなかった。

こうした問題が世俗裁判所に提起された場合は、その法律の法意を熟知していると思われる法律専門家に照会する。だが、問題となる法律が宗教上のものと判断される場合、頼れる唯一の専門家は叙任をうけた聖職者ということになる。したがって、植民の初期を通じて、ほとんどの法律問題は、権威ある聖書学者と認められた聖職者がその資格において処理したのである。聖書では明白には扱われていない事件が出てくると、当面する争点のための「規則を定める」ことが地区の牧師団に求められたが、彼らが法廷に提出した摘要書のなかには、まさに恐るべき文書も含まれていた。

党派の指導者たちが教会と国家のいずれにも「適合する形」の政府を樹立すると宣言した時に公約したものは、このような解決策だった。つまり、執政者が世俗的権威として教会に奉仕し、福音が平穏無事に伝えられるように住民間の秩序を維持するのに対して、聖職者は長期的政策にかかわる大半の問題に究極的な権威づけを行なうのである。全体的に見れば、入植者たちはさほど驚きもせずにこの分業を受け入れたが、聖書を法典として活用した結果、二つの摩擦の原因が生まれ、それらが植民地の未来に決定的な影響をあたえることになった。

第一の問題は、法廷に持ち出された事例に関して聖職者の意見を採用することは、さまざまな点でイギリス法の精神（字句は別として）に反するという点だった。ある法令はその直接の法域内の事例に関する規則しか定められず、その法令を根拠にして類推を行ってはならないというのがコモン・ローの基本原則である。すなわち、窃盗罪の罰則を規定している法規は、高利貸や強請の処罰に転用することはできないのである。それらの犯罪が見方を変えればどれほど類似しているように見えても、転用は不可なのだ。ところが、聖書を法律文書として使用するためには、聖職者と執政者は類推と推量を自由に働かせなければならなかった。ユダヤ法典は個々の違反行為に対応する規則を定めるほど具体的ではなかったからだ。たとえば、次章で見るように、反律法主義論争クライシスの時期にアン・ハッチンスンがうけた告発で、詳細な訴因が付されたものはわずかしかなかったが、そのうちの一つは、彼女が「汝の父と母を敬え」という聖書の戒律を犯したというものだった。そこから彼女がコミュニティの「父祖たち」に然るべき敬意を示さないと類推されたのである。このような類推思考の原理は「一六四八年マサチューセッツ法」の序文に直截に述べられている。

主は、主の民イスラエルの間に統治組織をお作りになるとすぐに、民事訴訟と刑事訴訟の両方の裁定のために一組の法律をお与えになった。それらは簡潔で基本的な原則だったが、それにもかかわらず十全かつ包括的で、未来に起こるすべての個別の事例に対応する方針を、その原則から明快に演繹することができた。[注17]

この慣例がピューリタン指導部の上層を困惑させたという証拠はないし、また大部分の入植者たちに強い不快感をあたえたという証拠もない。だが、このようなやり方の合法性に多くの者が少々不安を感じたのは間違いない。この慣例は早晩イギリスの慎重な議会派の眉を顰めさせる恐れがあったから、なおさら不安をそそったのであろう。

聖書を法源として用いることから生ずる第二の問題は、あまりにも多くの自由裁量権が指導部の小集団に掌握されていることで、間もなく多くの思慮深い人びとがそのことに懸念を感ずるようになった。この点についても、神権政治的な国家の枠組に民衆が反感をいだいていたことを窺がわせる証拠はない。だが「民衆」(ここでは自由民資格をもった株主を指す)が正式の法典を切望していたのは明らかで、その結果、湾植民地の政治生活に深い影響をあたえる憲法論争が惹起された。一方の側には、総会で選出された代議員に代表される民衆がおり、彼らは、長老たちがまず聖書の曖昧な章句の解釈を表明すれば、聖書はもっと明瞭で安全な法律指針となるはずだ、と感じていた。もう一方の側には、聖職者と執政者というコミュニティの中核グループがいて、神の言葉を自分たちの思いどおりに解釈できなくなれば、入植事業全体が危機に陥ると感じていた。これは、すでに地歩を築いたエリート層と、膨張しつつある中間層との単純な権力闘争ではなかった。それはピューリタン理論の真髄にふれる問題であり、彼らの神聖共和制の骨組自体と密接に関わる問題だった。

実際には、この戦いのラインが引かれたのは一行がイギリスを離れる以前だった。彼らの商社を支配していたのが、自分自身で渡航するか渡航の後援を積極的に行なおうとするピューリタンのグループだったことはすでに触れたが、第一波の移住者とともに実際に出国したのは、会社の株式を所有していた一〇〇名余のうちのほんの少数にすぎなかった。その結果、植民地の初年に大西洋のアメリカ側にいた自由民は、一〇名か一一名のみだったのである。言うまでもなく、この少数の人びとは全員が商社の役員を務めていた。つまり、勅許状に規定されている参議裁判所と総会という二つの統治機関は、人員構成的には、ほとんど同一だった。ある意味では、選挙民の全員がすでに執政者だった。このため、入植当初の何ヶ月間は、立法、司法、行政という統治機能のすべてがほんの一握りの人びとによって分掌されていたのである。

一六三一年、この中核グループは、新たに市民権を取得しようとする候補者は教会に所属し、教会費を完納していなければならないという決議を可決した。これは事実上、すべての候補者は正統的信念の持ち主として登録されていなければならない、ということを意味していた。このような基準で市民権資格が取得できた入植者が何人いたか正確には分らないが、記録によると、最初の一〇年に自由民として宣誓したのは約一三〇〇名にすぎなかったのであって、これが男性有資格者の小部分にすぎなかったのはほぼ確実である。[注18]つまり、市民としての責任は選ばれた一部の住民に与えられたのであって、そのグループの人びとは、植民という事業全体の主要原則をおそらく支持したであろう。だが、このグループの成員間では目的が共有されていたとしても、最初からの中核グループと新たに自由民となった人びととの間で、意見が一致しにくい問題が一つ存在していた。正式の法典を公布するのが賢明かどうかに係わる問題である。法典が検討対象としてはじめて浮上してきた時、植民地の指導者たちはいくつかの微妙な問題に直面した。第一に、勅許状は、植民会社がイギリス法に抵触する法令を制定することを厳しく禁じていたが、ウインスロップがあっさり認めているように、それこそまさに執政者たちがやろうとしていたことだった。[注19]それゆえ、戦術的観点からすると、植民地の法律を成文化することは少々危険であるように思われた。文章化されれば、イギリスの慣例からの逸脱がそれだけ本国の批判者たちの目に留まりやすくなるからだ。もう一つの問題は、正式の法典という観念自体が会衆派理論の他の信条と調和しにくい、という点だった。ニューイングランドの会衆派《セインツ》は教会の中央集権的な位階制全体に強く反対し、当然のこととして、個々の会衆の自治を擁護しようとした。もっとも彼らは、当時のほとんどの人間と同じく、国家は信仰問題に関して多様な意見を許容すべきだとは少しも考えていなかった。その結果、創業世代の入植者は、さまざまな会衆を外から規制することなく正統的信仰を守る方法を探らなければならなかった。ニューイングランドでは、私的な面談、公的な礼拝、そして、それらに劣らず拘束力のある非公式の圧力を組み合わせて、秩序を維持していた。そのような体制では、世俗的な法典の果す余地がほとんどないのは言うまでもない。なぜなら、法典の起草を主導するのが聖職者だとしても、彼らは互いに牽制しあって型どおりの支配構造を温存し、個別の会衆の「自由」を否定することになるからだ。つまり、当時の執政者と聖職者は、ある意味で現在の「州権」擁護派［公民権運動当時、連邦政府に対抗して州権の拡大を主張する動きがあった――訳者注］と同じように、中央集権に対し地方の選択の自由を擁護したのである。だが、両者には重大な相違がある。すなわち、ピューリタン指導者は、各地方の自治単位がそれぞれ別個にまったく同一の進路を選択するだろう、と予想していたのである。会衆派はつねに次のように主張してきた。「神の言葉」に従うと誓約した人びとは、同一の基準を遵守するのだから、とうぜんすべての重要方針に関して意見が一致するだろう。したがって、聖者のみでできた真のコミュニティは、大主教のような高位聖職者階級がなくても、整然とやっていくことができるはずだ、と。もしこの目的が達せられるならば、成文法典になんの価値があるだろう。そんなものは、深遠な会衆派の信仰箇条を水で薄めるだけのことで、イギリスの批判者に非難の口実を与えるだろうし、悪くすれば、悔い改めない連中に罪を隠す法の傘を与えることになってしまう。

そこでウィンスロップたち指導層は、マサチューセッツ湾植民地の法律は「教会の規律同様、慣例と習慣にしたがって[注20]」時間をかけて徐々に発展させるべきだと主張した。だが、成文法典の支持者たちはウィンスロップの議論に承服せず、一六三五年にはその圧力が高まって、総会は法典作成作業の開始を命じた。

代議員は、明確な法律がないため下級裁判官が各自の自由裁量によって審理をすすめる事例が多いことを考慮し、これをわが国家にとって大きな危険と考え、法典素案の起草のために数名の人物を任命することに合意した。この法典はマグナ・カルタに倣って作られ、聖職者の一部と総会に承認された後、基本法として受理される。[注21]

この計画は数年間遅々として進まなかった。その主な理由は、ウィンスロップが率直に書いているように、幹部たちが「この問題にさほど前向きでなかった[注22]」からだった。だが、一六四一年、後に「自由法典」と呼ばれることになる短い権利の章典が総会によって可決され、一六四八年には包括的な法典が最終的に採択された。これは英語圏で初めて編纂されたこの種の文書だった。

この二つの法典には、これまで多くの論評がなされてきたから、その内容の再検討に手間どる必要はないだろう。それらが発布されたという事実そのものが、そこで規定されているどの特定の条項よりもはるかに重要なのだ。なぜならその法典は、ピューリタニズムの主観的倫理を客観的原則の陳述に転換させた数多くの措置の最初のものだったからである。だが、湾植民地の最初の数年間にはよく見られたことだが、ピューリタン理論の成文化は、内在する矛盾をより鮮明に露呈させることにしか役立たなかった。法廷に立った入植者は、二つのまったく異なる裁判伝統と直面させられた。一方にはコモン・ロー以来の細心の保護措置があるのに対して、他方には旧約聖書の厳しい報復的傾向がひかえていたからだ。この二つの傾向は、同時に表面化しないかぎり、ピューリタンの意識の中で共存できたのだが、成文化されて公的な法典の形をとると、両者の食い違いがぎこちなく露呈された。もし裁判官が自分を執念深い神の訴追者と見なしていれば、その裁判官はコモン・ローの慎重な保護措置を尊重しないだろう。また、もし弁護士が開廷前夜、被告人との打ち合わせを認められず、「彼に真理を呑み込ませよう」とする牧師たちの説得をうけていたとすれば、その弁護士から筋の通った弁護を期待することもできまい。

この法典の起草者はナサニエル・ウォードだった。彼は引退した牧師で、上記の二律背反の体現者のような人物だった。彼は不寛容、厳格、自己の救済への絶対的確信といった確固たるピューリタン本能の持ち主だったが、それと同時に、世界を広く旅し、かなりの法廷経験をもち、法学の素養もある程度そなえた人物だった。この男が法典起草者に選ばれたのは、間違いなく偶然ではなかった。ニューイングランドの慣例では、法令の起草は聖職者が監督し、ほとんどの題材を聖書から引かなければならないことになっていたが、その目的だけならば、ウォード以上に適格な聖職者が湾植民地に数名はいた。じっさい、ニューイングランドでもっとも尊敬される聖職者だったジョン・コットンが法典草案の対案を起草し、それが総会によって却下された証拠が残っている。ウォードは法律編纂の任務にふさわしい多彩な経歴をもっていた。ウォードを選任するにあたって、総会が彼の聖書の知識ばかりでなくイギリス法の経験も勘案したと考えてよいだろう。

エドマンド・モーガンがかつて次のように書いたことがある。「その法典は単にマサチューセッツ住民を独断的な統治から守る権利の一覧表だっただけではない。それはピューリタンの実験全体の青写真、言いかえれば、ニューイングランド方式の特徴を明確化する試みの青写真でもあったのである」[注23]。ところが、やってみると、その「方式」のさまざまな断片を集めて一枚の青写真にまとめるのはきわめて困難であることが判明した。すべての理想郷《ユートピア》と同様に、マサチューセッツも新出発の過程で、かなりの量の古い残滓を引きずらなければならなかった。聖書を精神的出自と認め、イギリスを政治的出自と認め、会社を経済的出自と認めることによって、湾植民地人の共同的アイデンティティは多様な要素の寄せ集めとなった。彼らは、古い教義の断片と体験という新しい糸を撚り合わせて、一貫性のある社会という布地を織り上げようとしたのだが、その努力の代価として、少なくとも当初、彼らは自分たちが何者か、そしてどこに向かおうとしているのかについて、自意識の分裂を味わなければならなかった。

したがって、ピューリタンが自分の本性を思い出すのに役立つ新たな準拠枠を求めたのはきわめて当然だったし、彼らが不安を強めながら悪魔の行動に目を向け始めたのも同じくらい当然だった。個人ばかりでなくコミュニティにとっても、アイデンティティを確認するもっとも確実な方法の一つは、自分ではないものの測定法を発見することである。したがって、入植者がこの新しく不安定な土地で自己点検を始めたとき、彼らはことさら注意ぶかく悪魔が現れるときの形態について研究するようになった。なぜなら、自分たちの聖域の境界を暗示する暗黒の敵対者として、悪魔の不気味な影がつねにピューリタンの想像裏を揺曳《ようえい》していたからである。

第三章　悪魔のかたち

されど汝らは選ばれたる輩《ヤカラ》、王なる祭司、潔き国人《クニビト》、神に属《ツ》ける民なり……汝ら前には民にあらざりしが、今は神の民なり。

――「ペテロの前の書」第二章九、一〇節

マサチューセッツ入植後の最初の六〇年間に、深刻な「犯罪の波」が三度発生し、生まれて間もない植民地に決定的な影響をあたえた。いずれの波も多くの人びとの関心の的になり、また多くの逸脱者を生み出した。

これから始まる長い章では、順次これらの出来事をとりあげ、勃興するピューリタン国家が描く輪郭にどう影響したかを見ていく。とりあげるのは、一六三六年の反律法主義論争、一六五〇年代後半のクエーカー教徒迫害、一六九二年の魔女ヒステリーである。私たちが論じるのは、これら三つは湾植民地人が自分たちの独自性を確立し、ニューイングランドを新しい生活実験の場とするために境界を再定義する試みだったことだ。

ニューイングランドのピューリタンが大西洋を渡って他の世界に距離をおいた時、自分たちはさまざまな最重要問題で母国の同時代人から分離すると宣言していた。彼らがはるばる海を渡ったのは、新しい形のキリスト教団体を結成し、「ニューイングランド方式」とでも言うべき価値体系を確立するためだった。とうぜんその価値体系は当時の他のイデオロギーや計画とはっきり異なる特色を備えていなければならなかった。ニューイングランド方式は、党派としての彼らの独自性や、彼らがアメリカという何もない空間に逃げ込んだこととの弁明を表現していなければならなかった。またそれは、彼らの歴史、伝承、象徴、運命になっていかなければならなかった。したがって、入植初期の湾植民地人は、ヨーロッパの政治情勢が変化して自分たちの独自性を際立たせる背景が変わるたびに、他の人びとと自分たちを区別する特質について繰りかえし再考を迫られた。植民地人たちが入植地を祖国と見なすようになるのはかなり先のことである。彼らにとってニューイングランドは、「場所」ではなく「方式」であり、国家ではなく新しい宗教精神を試し発展させる実験場だった。したがって、入植者たちは、荒野の住み処にどのような政治的宗教的制度を構築すべきか、徹底的に考察しなければならなかった。彼らの「方式」の特色をしめす標識は、彼らが築く国家の構造――政治形態、教会組織、法体系――の中にしか存在しないことを知っていたからだ。

以下では、第一章で導入した第一のテーマがあつかわれる。すなわち、コミュニティの境界が大きく変動し、自分たちのテリトリーに対する見方が変化する時には、さまざまな統制機関があつかう行動の種類にもしばしば変化がおこる、というテーマである。境界危機《クライシス》のきっかけとなる出来事は、たとえばグループ内での権力の再調整とか、グループ外での新たな敵対者の出現など、いくつかの形態をとりうるが、いずれの場合にも、そのクライシスは逸脱パターンの変化に反映され、グループの成員はそれをいわゆる「犯罪の波」として認知する。日々の出来事の動きの中である境界線が曖昧になると、「犯罪の波」が問題の争点をドラマチックな形で示し、続いて、新しい逸脱者と既存の統制機関とが対決して、争点をさらに彫琢する公開討論の場というべきものがもたらされるのである。

ところで、この一般的仮説には二つの点で重要な限定が必要である。

第一に、境界クライシスはしばしば「犯罪の波」をひき起こすと主張する場合、二つのことが示唆されている。一つは、しばらく前からグループ内に存在していたけれども格別注意をひかなかった行動形態がコミュニティから非難を浴びはじめるということである。いま一つは、以前から逸脱行動をとる傾向をもっていた人びとが境界線の破れ目に入りこみ、問題の境界線を実地検分しはじめるということである。この二つの逸脱行動源を区別することは差しあたり重要ではないが、「犯罪の波」の激しさが逸脱行動者の数や犯される逸脱行動の量で測定できるとは限らないことだけは指摘しておかなければならない。「犯罪の波」という用語は、ここでは、世間の注目をあびる出来事が大発生し、興奮と不安の時間がつづき、何かしなければならないという感覚が広がるという意味である。それが逸脱量の増加を意味することも意味しないこともある。注1

第二は、境界クライシスが出現しても新しい境界線の網の目に注目が集まるとはかぎらず、コミュニティの基本構造に重大な変化が起きないこともある。あるコミュニティに境界クライシスが起きても、たいていの場合、伝統的な境界線の網の目の別の区分に焦点が移動し、その部分が以前より慎重に定義されなければならなくなるだけだ。たとえば、ほとんどの合衆国市民は「民主主義」と「ファッシズム」を区別する線を強く意識しながら第二次世界大戦に参戦した。それがアメリカ的生き方の重要な基本線の一つだったからである。ところが、それらの市民が戦争から戻った世界では、「民主主義」と「コミュニズム」

を区別する線がとつぜん脚光を浴びるようになっていた。むろん、この焦点の移動は「新しい」境界の出現を意味していない。国民の関心が既存の境界のある区分から別の区分に移動しただけのことだ。その後マッカーシー時代にさまざまな調査が行なわれたが、それらの調査は、移動後の区分線の性格と位置を確認するためにコミュニティ全体が行なった探求だったという解釈も可能だろう。

この例と同様、一七世紀にマサチューセッツ湾植民地を席巻した三つの犯罪の波は、いずれも不安定な歴史的変動の時代のあとに発生したのであって、それぞれ先行する変動の時代に、それまで「ニューイングランド方式」を独特な価値体系として際立たせていた境界線が不鮮明になっていた。この章では、以上のような大まかな見取り図を手がかりに、ニューイングランド・ピューリタンが反律法主義という異端に怯えたのはなぜか、仲間内だったクエーカー教徒をとつぜん暴力的に扱いだしたのはなぜか、そして最後に、周囲に魔女があふれていると怯えだしたのはなぜかを究明していく。

最後に、三つの犯罪の波の検討に入るまえに、一つのことに言及しておこう。以下ではさまざまな歴史上のエピソードを再録するが、それは歴史学文献がしめす見解を訂正したり修正したりするためではない。とりわけ、反律法主義論争と魔女ヒステリーに関しては、近年すぐれた研究が発表されてきた。[注2] それらのエピソードをここで再説する理由は、作者はいうまでもなく、読者がそうした出来事の歴史的展開の中にまず身をおかなければ、その社会学的意義が明確にならないからである。

反律法主義《アンティノミアン》論争

一六三六年から一六三八年にかけて起きた反律法主義論争は、ふつうの意味の「犯罪の波」として始まったのではない。それは突発的なエピソードだった。一陣の風のように植民地を吹きすぎた一瞬の動揺が、とつぜん爆発して丸一世代のニューイングランド史上もっとも激しい嵐となった。反律法主義クライシスを起こした人びとがよりよく組織され、その目的にもっと確信をもっていたら、彼らは新しい重要な社会運動の創始者として記憶されていただろう。だが実際には、論争に活発に参加した人びとの中にも、自分たちが唱えている理論の意義をほんとうに認識し、自分たちが巻き起こした嵐の激しさを十分理解している者はほとんどいなかった。たいていの者は、自分たちが教会問題に関する地元レベルの議論に加わっていると考えていたし、ある日とつぜん犯罪者として追放されたり、革命家予備軍として武器をとりあげられたり、身に覚えのない犯罪を撤回させられたりするまで、そう考えつづけていた。その意味で、このクライシスがはっきりした形をとったのは、それがピューリタンのいつものやり方――むき出しの暴力行使――によって決着をみた後のことだった。

一六三六年、この論争が最初に人びとの注意をひいた頃、マサチューセッツは大規模な建設計画のまっ只中にあった。イギリスからの移民流入はすでにピークに達し、入植地はボストン湾の後背地全体に広がり、さらに奥の荒野に入り込みかけていた。入植者たちは新しいテリトリーの規模を値踏みしている最中だった。土地を個々の自由保有地に区分けし、共有牧草地用の土地をとり除け、新しい町の基本図を設計していくことが値踏みを意味していた。また自分たちの政治的宗教的制度の輪郭を定めることも値踏みだった。「ニューイングランド方式」がピューリタン理論の霧の中から浮上して、成長していく町の見取り図や新しい政府機関の概念図の形をとって整然と姿を現そうとしていた。

この初期の時代のピューリタンの実験が主に目指したことは、人間には自治能力があり、教会と同じやり方で政治的国家も自分たちで運営できることを証明することだった。言いかえれば、聖書が法律文書として適切に機能すること、教会員資格が市民権の認定基準としても有効なこと、また霊魂の問題ばかりでなく世俗の問題でも聖職者が最終的な精神的権威となりうることを証明することだった。したがって、国家が次第に形を現す中でピューリタンの執政官たちが拠り所とし始めた政治理論は、用語や比喩の大半をイギリス会衆派から借用していたにもかかわらず、少なくとも情緒的には本国の会衆派の古い信条から分離したものだった。すでに見てきたように、イギリスにおける初期の段階では、ピューリタニズムは強烈な個人主義的特徴をもっていたと言ってよい。たとえそれが、個人の良心に直接訴えかけ、私的な信仰表明や信仰体験を尊重するという意味に過ぎなかったにせよ、間違いなく個人主義的だった。この個人主義の感覚は、ローマやカンタベリーの権威に抗議する人びとが口にしている限り、ピューリタン思想とよく調和していた。ところが、その抗議者自身が権力をにぎり教会の管理者になると、急いで力点を置きなおす必要が出てきた。ニューイングランドのピューリタンたちは、大西洋を横断しただけで、反対勢力から支配的エリートに変身した。したがって、マサチューセッツの指導者たちが主として関心を寄せたことは、従来の抗議行動を支えてきた情念の力をおさえこみ、それを調教して、規律正しい正統的信仰の要求に従わせることだった。こうしてマサチューセッツの森から新種のピューリタニズムが姿を現そうとしていた。初期の運動を支配していた敬神と自己表現の雰囲気が、世俗の権力機構には欠かせない忠誠と服従の雰囲気へ、少しずつ変容していった。自分の心情と衝動を抑制する訓練をつんだ人びとが、今度は、同じ規律をコミュニティ全体に適用することを求められたのである。

　初期のピューリタン理論家は個人と神との契約の私的な性格を強調した。いっぽうニューイングランドの理論家は、法人集団としての植民地人と神との契約を重視し、かれらが自治のために作り上げる機関を介して神は植民地人と係わると主張しはじめた。その結果、個人と神との関係は、信徒団、政府、執行部といった中間レベルの権力機関の検閲をうけなければならない、というのがニューイングランド神学のキー概念となっていった。すべてが見渡せる後代の視点から振り返ると、湾植民地の人びとは自分たちが戦ったイギリスの支配機構とほぼ同じものを建設しようとしていたことが分かるが、植民地を存続させようとする限り、なんらかの外的規律は不可欠であり、初期の個人主義が音もなく消えていくことに懸念をおぼえる入植者はほとんどいなかった。自分がどのように天国へ進むかを神と話し合うことは、少なくとも理論上は、各個人に任されていたし、個人の良心にしたがって行動することも奨励されていた。だが、実際には、個人の良心を国家の政策や計画に確実に従わせるための管理機構が徐々に確立されていった。こうした展開の中で、聖職者はとうぜん重要な役割をはたした。さまざまな信徒団間の秩序を保つこと、神に対する義務とともに国家への義務を教えこむこと、とりわけ、信徒団を指導してより大きな自治組織のメンバーにふさわしい人物を決定させること、それらが聖職者たちの仕事となった。聖職者は公職につけなかったし、政治問題に積極的に介入することも許されなかったが、入植者のうちの誰が真の回心体験者か、誰が市民権という特権にふさわしいかを決定する時には、主導的役割を演じた。さまざまな点で、「ニューイングランド方式」の全構造は例の一つの条項にもとづいていた。すなわち、神に選ばれた者は地上における神の国を管理する能力と義務をもっており、それを証明することが植民事業の目的であるという条項を土台としていた。救済される者と救済されない者を決定する確実な指針など存在しないことは誰もがよく承知していたが、神の全知をもたない人間の内の誰かが判断しなければならないとしたら、その責任はとうぜん聖職者が負わねばならなかった。

これから見てゆくことになるが、反律法主義論争はまさにこの点をめぐって戦われたのである。というのも、ハッチンスン夫人とその支持者たちが主張したことは、恩寵にあずかった者とそうでない者を判定できる聖職者が湾植民地にはほとんどいないということだったからだ。そのように主張することによって、彼らは植民という実験全体を支えるもっとも重要な礎石の一つに異議を唱えていたのである。彼らが主張していたことは、事実上、古いピューリタン運動がもっていた潑剌とした個人主義を、新しいピューリタン運動が求める正統性の護持に代えることはできないということだった。しかも、彼らがそう主張した時期は、ニューイングランド入植者にとって両者の相違が何にもまして大きな意味をもつ時期だったのである。

反律法主義論争は入植後の最初の一〇年間におきたおそらくもっとも重要な事件だったが、論争に積極的に関与した者にとってもしばしば分かりにくい事件だった。ジョン・ウィンスロップは、後ほど引用する一節で、議論すべき問題点をよく理解できている人はほとんど皆無だったと断定している。六〇年後、コットン・マザーのくだした結論も、「大多数の人びとは、両方の陣営に直接係わった人でさえ、両者の相違点がなにかを死ぬまで理解していなかったと思う」だった。[注3] もっとも、ウィンスロップもマザーもそして後代の一七世紀史研究者全員も、異口同音に、この危機が湾植民地初期の発展のもっとも重大な瞬間の一つだったと見なしている。この事件は、他の事件や理論以上に、一六三〇年代中葉のニューイングランド・ピューリタニズムを的確に定義している。それはこの事件が境界線移動をはっきり示しているからで、マサチューセッツの入植者たちがこれほど明確にそれを表現した例は他にはない。

I

反律法主義論争の話は、主要な登場人物たちの紹介から始めるのが適当だろう。

一六四九年にジョン・ウィンスロップが死んだ時、彼は疑いなく住民の指導者であり、あらゆる点でマサチューセッツの創設者として記憶されるのにふさわしい人物だった。だが一六三〇年代の中頃、ウィンスロップの人気が、植民地全体でも彼の地元のボストン教区でも、急落したことがある。一六三四年、無骨者のトマス・ダドリーが彼に代わって総督に選出された。また翌年も、まだ新顔のジョン・ヘインズの人気がウィンスロップのそれを上回った。この思いがけない運命の転変にどんな原因が潜んでいたかはよく分からない。もしかしたら自由民たちが執政官たちへの警告として、手に入れたばかりの選挙権を行使したのかもしれない。もしかしたら初期の入植者が注目していた成文法典等の問題で、ウィンスロップの立場が貴族的でありすぎ、人びとの反感を買ったのかもしれない。だが、理由はどうであれ、ピューリタンたちは彼らのモーゼともいうべきウィンスロップに背くことで聖書の物語を再現したのである。

ウィンスロップの影響力はボストンでも薄れはじめていた。彼はボストン教会の設立メンバーで、教会行事には積極的に参加し、反律法主義クライシスで重要な役割をはたす二人の著名な牧師と親交があった。そのうちの一人ジョン・ウィルソンはボストン教会の牧師であり、同時代人の話を総合すると、誠実で、因習的で、少々短気な人物だった。いま一人のジョン・コットンは二重牧師制というニューイングランド独特の制度のせいでボストン教会の説教壇をウィルソンと分かちあっていたが、英語圏世界の主導的なピューリタン理論家の一人として、植民地でも大きな声望を得ていた。反律法主義クライシスがおきるまで、この三人はピューリタンの伝統に則った最良の協力関係を保っていた。ウィルソンは執政官たちの要求に配慮しつつ、忠実にボストン会衆を指導した。いっぽうウィンスロップは教会の長老として、強い責任感をもってその義務をはたした。コットンはウィンスロップのために、モーゼにとってのアロン〔モーゼの兄で、ユダヤ教初代祭司――訳者注〕の役割をつとめ、政治的に彼を支援した。彼は総督選出の一般選挙で、少なくとも一度は、ウィンスロップのために遊説をしたこともあった。ところがこの三人の盟友が一六三六年までに奇妙な潮流に巻き込まれたのである。ウィルソンは自教区の会衆の支持が失われたことに気づきはじめたが、同じような影響力の低下をウィンスロップも経験していた。二人はまた、ジョン・コットンまでが自分たちに対してこれまでとは違う行動をとるようになったことに気づきはじめた。

ちょうどその頃、一人の有力な新顔がボストンに登場した。ヘンリー・ヴェインは当時二三歳、イギリスの権勢家の息子で、英国王のお気に入りの一人だった。ヴェインは後年、クロムウェル統治下の混乱期に政治的異才として頭角をあらわすが、当時はまだそうした特質を発揮していなかった。だが、彼は湾植民地人には魅力ある人物に思われ、たちまちマサチューセッツ政界の有力者になっていった。彼は貴族的な態度の持ち主で、当時の進歩思想に屈託なく共感を示したが、同時に感傷的で、軽率で、驚くほど単純に振舞うこともあった。ヴェインはボストン社会の新しい動向を象徴していた。一つには、ヴェインがピューリタン的信念を優美で品格のある言い回しで表現し、それが四角四面な湾植民地人にまともに衝撃を与えた。だが、それ以上に、ヴェインは当代のヨーロッパ世界に属していた。彼の想像力には、マサチューセッツでは望めないほどの大観衆にふさわしいスケールがあり、彼がおかす間違いにさえ同じような壮大さがあって、母国から長く隔離されてきた人びとにはそれらがことさら魅惑的だったのである。このように、反律法主義論争のおきた時期はヴェインがマサチューセッツに颯爽と登場した直後で、その人気を利用しはじめた時期にあたっていた。一六三六年、彼は二四歳にして総督に選出される。ジョン・ウィンスロップは三年連続して総督職を明け渡したのである。

ヴェインが新しい職務につくとすぐに、彼が風変わりな意見をいだくボストンの一派に加わっているという噂がながれた。一人の入植者がロンドンの友人に次のような手紙を出している。「イギリスから来た青年紳士のヴェイン氏がすぐに総督に選出されましたが、彼は席が暖まる間もなくその性向をあらわして、新しい教義を口にしはじめ、（中略）ニューイングランドの治安と福祉を犠牲にしてもそれらの教義は実行すべきだ、それほどの重要性をもつ問題だとやかましく訴えました[注4]」。

こうした意見の大半は、ウィリアム・ハッチンスンが妻のアンと暮らしているボストンの一私宅がその出所らしかった。ハッチンスン夫人は当時四〇歳代半ば、鋭い知性をもった女性で、ピューリタン神学の不明瞭な問題点を議論するのを好み、また圧倒的な聖書の知識で自説を弁護する術も心得ていた。ハッチンスン夫妻は植民地に来て間がなかったが、議論をもりあげ論争をしかけるアンの才能はボストンで広く重んじられるようになっていた。湾植民地では宗教活動がほとんど唯一の娯楽だったことを思い出してほしい。ハッチンスン家はいつも宗教的会話で沸き返っていたから、すぐにそこは重要なコミュニティ・センター、神学サロンのようなものになっていった。八〇人もの人びとが客間にあつまって、この前の安息日の説教について話しあうこともあったが、それらの議論でいちばん目立つ発言者はほとんど毎回ハッチンスン夫人自身だった。ウィンスロップは彼女を「高慢で物腰の荒っぽい女で、よく機転がきき、生き生きとした気性とよく回る舌をもっている」[注5]と書いているが、彼女の家に行ったことのある人間であれば、彼女の有無を言わさぬ神学問題の論じ方を聞いていると、この人は霊感にうたれているんじゃないかと感じることがよくある、と付け加えたかもしれない。まもなく、ハッチンスン夫人の客間の家庭討論会はジョン・ウィルソン牧師の公式の説教よりはるかに人気が高くなった。ボストン教会の会衆のほとんどが彼女に宗教的助言を求めたばかりでなく、青年総督をふくむ幹部執政官の多くも夫人宅の集りの常連になった。「ボストン教会の全員（二、三の例外はあるが）がどうしてこれほど急に彼女の帰依者になってしまったのか不思議である」とウィンスロップは悲しげに書いている。[注6]

初めのうち、ハッチンスン夫人宅の議論は一般的な話題をとりあげていたが、ウィルソンに対する会衆の露骨な反発がボストンで騒ぎになるにつれて、この問題全体がより深刻な色合いを帯びてきた。ウィンスロップが後に主張しているように、ハッチンスン夫人の主張が細部までよく理解できている人間は、ボストンにはわずかしかいなかったし、夫人自身おそらく自信があったわけではなかった。だが、誰にとっても彼女の意見が明瞭に理解できる主題が一つあった。ハッチンスン夫人は、彼女が「恩寵の契約」とよぶ問題に関して、職責をはたせるほどその問題に精通している聖職者は植民地には二人しかいないと感じており、ひじょうに気を遣いながらも、ジョン・ウィルソンはその二人のうちには入らないと指摘したのである。どのような言い方でそういう意見を述べたかはいまここでは問題にしないが、この手厳しい審判を免れた二人の聖職者については一言触れておかなければならない。一人目のジョン・コットンについてはすでに紹介した。ハッチンスン夫人はこの偉人から教えをうけたことがあり、イギリスで彼の信奉者となり、その教えをうけ続けるために新世界に移住してきたのだった。その後の論争全体をとおしてハッチンスン夫人はコットンから教えられた意見をほとんど口にしなかったが、もし彼女がそうしていたら、それは明らかにコットンにとって当惑の種となっていただろう。

彼女の徹底的な告発を免れた第二の聖職者は、湾植民地に来たばかりのジョン・ウィールライト牧師だった。ウィールライトはヴェインが総督の座に選出されたわずか数時間後にボストンに上陸したのであって、無事の到着を祝ってすぐに論争に飛びこんだ感じがしなくもない。彼はハッチンスン夫人と姻戚関係にあり、そのためややせっかちに行動をおこしたのかもしれない。もっとも、たとえそうした誘因がなかったとしても、彼はいずれ戦闘地帯に飛びこんでいっただろう。というのも、ウィールライトは当時イギリスで燃え上がっていた激しい論争に刺激されて、本国の多くの同時代人同様、議論に飢えた気分になっていたからだ。さまざまな点から見て、ウィールライトが体現していたのは、間もなくクロムウェル軍の隊列に登場してくるピューリタニズムで、より偏狭なマサチューセッツのピューリタンの中にはまだ現れていない種類のものだった。もっとも、マサチューセッツにもこの種の人間が数名はいた。つまり、神学上の志向のせいで、国家はさまざまな宗教的意見を許容すべきだと考えはじめていた人びとである。ヘンリー・ヴェインはその一人だったし、ロジャー・ウィリアムズ［さまざまな宗教をうけいれたロードアイランド植民地の建設者――訳者注］もそうで、ウィールライトも明らかにその仲間だった。これらの三名はその後ピューリタン革命で全員頭角を現し、自分たちの思想をイギリスのより受容性にとんだ土壌に根づかせることができた。このことはマサチューセッツ史の脚注とするにふさわしい事実である。

つまり、ウィールライトがボストンに着いたのはイギリスで反乱が始まるはるか以前だったが、彼はすでに争乱のどよめきを感じとっていたのである。彼の登場がアン・ハッチンスンの信奉者とコミュニティの中核グループとの最初の重要な小競り合いをひき起こしたのは当然だった。

小競り合いは、ハッチンスン夫人の示唆をうけたらしいボストン会衆の数名が、ウィールライトをコットンの同僚牧師として教会に迎えようと提案した時に始まった。とうぜんウィルソンはこの提案の受け入れを渋ったが、それにつづく議論の中で、ウィルソンと彼自身の会衆との大きな乖離が残酷なほど明らかになった。はげしい応酬で彼の味方についたのはわずか四、五名にすぎなかったのである。もっとも、そのうちの一名はジョン・ウィンスロップで、この忘れられかけた老指導者は並はずれた気力と決意を発揮して、この難局に対処したように見える。当時の会衆派の集会規程では、何らかの基本合意ができない限り、教会は議案を可決してはならないことになっていた。そのため、ウィンスロップの反対表明にあって、この案件は（渋々とではあっても）暗黙のうちに取り下げられた。ウィールライトは別の信徒団からの牧師就任招請に応じ、あからさまな対決は少なくとも当面延期された。

だが、この短期間の小競り合いは二つの影響を残した。第一は、この小競り合いによって、将来トラブルがおきた時に両陣営に集結する勢力がどのようになるかが明らかになったことだ。ハッチンスン夫人がボストン会衆のほぼ全員を味方にできるのに対して、ウィルソンの陣容はウィンスロップの声望の低下によって弱体化する一方、コットンの中立姿勢に晒されて、痛々しいほど不安定になるだろう。第二に、はげしい論戦が植民地の他の地域の注目をひき、ボストンの奇妙な騒動が各地で話題になっていったことでである。

ニューイングランドのピューリタンは理性の力に大きな信頼をおいていたので、クライシスが訪れると、議論のための集会を召集することで対応するのがふつうだった。したがって、湾植民地史の他の多くの意見衝突の場合と同じように、反律法主義論争も一連の会議で始まった。ボストン教会の問題を検討するために、植民地の隅々から聖職者がボストンに集まった。彼らはウィンスロップと相談し、ヴェインと議論し、コットンに訴え、少なくとも一度はハッチンスン夫人自身と対決した。集まってきた聖職者たちは一人残らずジョン・ウィルソンに同情的で、会期が通常どおり終わる頃には、ボストンの住民のほとんどが神経を尖らせて気もそぞろだった。一度執政官会議の冒頭で、ヴェイン総督が急に泣き出して植民地を出て行くと脅したことがあったが、これは無思慮な発言で、その後ボストンの人びとに問い詰められて考え直した。別の機会に、ウィルソンが植民地の指導者会議で演説し、ボストン教会を痛烈に攻撃したことがあったが、そのため彼は自分自身の会衆から非難決議を受けそうになった。最後に、騒動の総仕上げといった感じで、ハッチンスン夫人が聖職者の代表団と会い、あなた方には福音について説教できる人は一人もいない、と言い放った。この度肝をぬく発言に直面して、各地から集まった聖職者たちはただちに調停という使命を放棄し、事実調査委員会として動き始めた。つまり、マサチューセッツはボストンの造反者に対して告発の用意を始めたのである。

これらの出来事が進行するにつれ、ボストンの人びとは冷静さを失っていった。勢いこんだ人びとは、ボストン教会でウィルソンに挑戦するだけではたらず、徒党をくんで周辺地域をまわり、他教区の牧師たちに無遠慮な質問をあびせ、他の会衆たちを動揺させ、その結果マサチューセッツ中が興奮に巻き込まれた。ウィンスロップは以下のように報告している。

こうしてすべての機会が争いを激化させ、人びとの心に大きな不和を生み出した。ボストンの教会員は他の牧師たちの説教にしばしば押しかけ、公開の場で質問したり、その教会の教義に異議を唱えて、大きな動揺をひきおこした。それらの教義はボストン人の教義とはあい容れず、その結果、ボストンでは、恩寵の契約と業《わざ》の契約のどちらをとるかによって人びとを区別するのが普通になっていった。それはまるで、他の国々でプロテスタントとカトリックを区別するのと同様の雰囲気だった。[注7]

その結果、会期が終わりに近づくにつれて、地域の保守的要素がすべて呼び覚まされ、いまにも戦闘が始まりそうになった。だが、明らかに多くの人はなんのために戦うのかよく分っていなかった。ウィンスロップは「優れた理解力の持ち主と、相手方の教義を知り尽くしている人を除いて、両者の違いが分かっている人はほとんどいなかった[注8]」と考えていたし、三〇〇年後の今日でも状況は大して明らかになっていない。なんと呼ぶべきかまだ曖昧な問題点、人びとをいがみ合わせるほど重大であるにもかかわらず、まだ議論できるほど明確になっていない問題点をめぐって、戦いが始まろうとしていたのである。

ハッチンスン夫人とマサチューセッツ聖職者たちとの論戦は言葉と観念を浴びせあう不毛な応酬となったため、論争の基本的な形が辿りにくい。とくに、議論の調子だけを見て、その論争が政治的なものではなく神学上のものだとみなすと、なおさら分かりにくくなる。歴史家チャールズ・フランシス・アダムズは次のように結論づけている。

論点が曖昧であるばかりでなく、現在ではもう分からなくなった特殊用語をもちいて議論が行なわれている。その上、神学的観点から見れば、現在ではこの論争は興味に乏しい。せいぜい、常識をなくすと、どの時代のどこの人びとも陥りがちな、瑣末事をめぐる子供っぽい興奮のもう一つの例として、かすかな興味をかきたてるにすぎない。[注9]

アダムズがこの論争のテクストに憤慨していることは熟考を要する。というのは、このエピソードがもっと詳細に研究されてこなかった理由はそこにあるからだ。とはいえ、反律法主義論争の重要性はやはりその論戦で語られた内容より、それが引きおこした数々の事件の形態の中に潜んでいる。分別のある人びとがなぜそのような「瑣末事」に激高したかを理解するためには、議論そのものの細部より、議論をとりまく大状況に目を向けるべきなのだ。なぜなら、この問題は語られた言葉には反映されない形状と理路をもっていたからである。

まず初めに、ハッチンスン夫人は女性だった、ということがある。この単純な事実が長老たちの苛立ちを助長したのはたしかである。社会生活における女性の役割に関するピューリタンの考え方は、一七世紀の水準から見ても、進歩的とはいえなかった。この事実は、ウィンスロップが知り合いの女性について、過度な読書で精神を病んだと述べていることからも明らかだ。彼は論説を加えるといった調子で以下のようにつけ加えている。「もし彼女が家事やその他の女性に相応しい事柄に従事し、女性の慣わしや天職を踏み外して男性に適した事柄に手を出しさえしなければ、彼女は分別を失うこともなく、神から定められた場所で有益かつ見事にその分別を積むこともできたかもしれない」[注10]。言うまでもないことだが、ウィンスロップ型の男たちはハッチンスン夫人のような好戦的な知性をもった女性に苛立たしさを覚えたであろう。それはその女性が語る思想内容とは関係がない。

だが、ハッチンスン夫人の主張には、すべての人に分かる点が一つあった。彼女は、湾植民地の多くの牧師たちの内で「恩寵の契約の中を歩んでいる」のはコットンとウィールライトだけだと宣言したが、ということは当然、他の全員は「業《わざ》の契約」について説教しているという結論になった。このようにハッチンスン夫人が断言した時、彼女はピューリタン聴衆の過敏な神経に触れていたのである。この二つの慣用句は、意味は漠然としていたけれども、初期の宗教改革史で重要な役割を演じたため、いまだに昔の怒りや不安を呼び覚ます力をもっていた。

創世記に関するピューリタン的解釈によれば、神はアダムに、もし知恵の木とその禁断の実を避けてさえいれば、おまえの子孫に永遠の生をあたえよう、と約束したことがある。言うまでもなく、アダムはこの簡単な契約が守れず、人類は労苦、艱難、その果ての死を運命づけられた。だが、そのあとで、神は人間にもう一つ別の契約を示し、まったく恣意的に選んだわずかな人間を永遠の断罪から救済することに同意した。すなわち、神の民のうちから無作為に何人かを選び出し、それらの人びとにあらかじめ神の恩寵をあたえる、というのである。この新しい契約のもっとも重要な特徴は、人間が善行を積むことで救済を贖える保証や機会はいっさい与えられないという点だった。単純化していえば、これらの契約のうちの最初のものが業《わざ》の契約であり、それに代わる後者が恩寵の契約だった。

さて、これら二つの「契約」は本質的には宗教改革的思想の産物だった。第一世代の宗教改革者たちがローマの権威に挑戦した時、彼らはこう主張した。カトリック教会の形式的構造——その規則、式文、喜捨と特免など——はじつは取り消された業《わざ》の契約への逆戻りにすぎない。なぜならカトリック教会は、アダムが一つの単純な禁止を守ることで子孫全員の救済を勝ち取れたのと同様に、人間も二、三の単純な規則を守ることで天国への道を確保できると教えているようなものだからだ、と。このような文脈のもとで、恩寵の契約はきわめて特殊な意味合いを帯びることになった。もし救済が地上における人間の所業と係わりなく無作為に行なわれるとすれば、永遠の救済のために礼拝を行なう必要はなく、人間と神を仲介する牧師階級も不要になる。恩寵は私的な交流、言いかえれば、神と神の選んだ聖者との個人的コミュニケーションなのだ。

だが、宗教改革的思想の他の多くの教条と同様に、この業《わざ》と恩寵の対比も文字どおりの是認ではなく比喩として受け止められるほうが多かった。つまり、既成の教会に反逆する分派ならば文字どおりに解釈するだろうが、権力をにぎった党派であれば細心の注意をはらって口にしなければならない対比だった。もっとも純粋な形をとると、恩寵の契約は無秩序を誘発しかねなかった。外的な規律ではなく内的な衝迫にしたがって行動することを人びとに奨励したからだ。もしこの観念を額面どおりに受けとれば、人びとがおこす迷惑の量は際限がなくなるだろう。誰かが胃の不調を召命と勘違いして、まったく合法的な政府機関に戦いを挑みに飛び出すとしたらどうなるだろう。とんでもないことだ！　恩寵の契約という観念は革命のスローガンにはいい材料だが、いったんある政府が権力を奪取してしまうと、生《き》のままでは飲みこみにくい教義になる。たとえば、マルティン・ルターが初めてローマに反逆して修道士誓約を破った時、彼は神の召命をうけたことを根拠に自分の行動を正当化した。だが、その後、新しい教義が全ドイツを分裂させ、小作農たちが宗教的聖戦とみなす戦いに立ち上がった時、ルターは恐怖のあまりその戦いに背を向けざるをえなかった。小作農たちを内乱に駆り立てた声には、カトリック教会への反逆にルターを駆り立てた声のような神聖さが感じられなかったのであろう。責任感の強い宗教改革者たちは、カトリック教会の形式主義や規律に逆戻りすることなく業《わざ》の契約と恩寵の契約を区別する機関を創出しなければならないと考えた。この二律背反は初期の宗教改革史をつうじて繰り返し反復されたもので、ニューイングランドの人びとも例外ではなかった。彼らは、中央教会を頂点とするヒエラルキーに煩わされることなく各個人が自由に天国への道を神と話し合うべきだと主張してイギリス国教会と対決したのだが、入植する土地と統治すべき人民ができてみると、議論の調子を変えざるをえなくなった。ボストンの造反者が「反律法主義者」と呼ばれた時、聞きおぼえのあるサイクルが一巡したように感じられた。なぜなら、「反律法主義者」という名前はルター時代の死に物狂いの異端者たちの呼び名だったし、湾植民地の多くの聖職者自身も母国のイギリスでそう呼ばれていたからだ。

アン・ハッチンスンは真の意味の反律法主義者ではなかったかもしれないが、正統派のピューリタンにはありえない宗教的熱狂を鼓吹しているように聞こえた。彼女が語りかけていた相手は、宗教改革の果てしない論争で神学的感覚を研ぎ澄まされた人びとで、彼らには彼女の主張の主要部は自明だった。彼女が問うていたのはこういうことだった。もし信者《セインツ》が恩寵の契約によって神と合一するのであれば、どうして地上の教会の規律をうけいれる必要があるのだろうか。もし神が回心という私的瞬間に直接受け手に恩寵を授けるのであれば、どうしてその賜物を教会役員に追認してもらう必要があるのか。そもそもその役員自身神の選良であるかどうか分からないではないか。ハッチンスン夫人自身の言葉はほとんど伝えられていないから、彼女が教会の支配への不信をどこまで追及するつもりだったのかは不明だが、湾植民地の現職の牧師たちには説教壇にのぼる資格がないと公言していたのは間違いない。ピューリタン・コミュニティにおける教会規律の役割について彼女が他に何を考えていたにせよ、この意見だけでも国家の全機構に彼女を敵視させるのに十分だった。

このように、いくつかの点では、ハッチンスン夫人は多くのピューリタン聖職者が以前口にしていた内容を誇張して繰り返したにすぎなかった。彼女が主張したように、彼女の思想の多くはおそらくジョン・コットンの初期の説教に由来していた。だが、ピューリタン理論は、コットンがリンカンシャー［イギリス東部の北海に面した州――訳者注］の若い牧師だった時代からかなり変化していた。少数派グループの信条だったものが支配党派の綱領となり、その過程で多くの新たな責任を抱え込んだ。このため、初期の恩寵理論に二つの修正が加えられ、それらが徐々に会衆派の思考に入りこんでいったが、それらは教義上の明白な変更というより語調の変化といったものだった。第一の修正は、叙任された聖職者には真の回心経験者と非経験者を判定する能力があり、教会員資格と市民権資格の取得候補者の選抜を行なう権限をもっているという観念だった。第二の修正は、もっとも確実な視える聖者であっても教会規律には服さなければならず、会衆の意思に従うべきだという観念だったが、服従によってその人の死後の運命が左右されるからではなく、恩寵が訪れた時にその賜物をうける用意ができている必要があるというのがその理由だった。聖職者たちは、これらの修正は信用の失せた業《わざ》の契約への回帰ではない、と用心深く主張したが、自分が神に選ばれたことを仲間に納得させる簡便な方法は教会の献身的な僕となり、国家の忠実な市民になることだという風潮が明らかになるにつれて、二つの立場を区分する線はますます見分けにくくなった。ハッチンスン夫人の直感したとおり、ニューイングランド思想に新しい傾向が出現していたのである。聖職者たちは救済を贖うには外面的服従が必要だと主張したわけではなかったが、外面的服従が救済を証明する便利な方法だと言っているようには聞こえた。かくして、恩寵の契約はその内的神秘の大半を失い、どこかかつての業《わざ》の契約に似てきたのである。聖職者たちは両者の違いを論理的に説明できると断言したが、その説明にもたついて時間がかかりすぎ、説教壇に登る度に、またペンをとる度に、内心の逡巡が露呈された。

　言うまでもなく、ハッチンスン夫人の姿勢が危険だったのは、彼女が聖職者たちに恩寵の契約を政治的手段として利用する権限を与えなかったからである。初めのうち、彼女と聖職者たちの争いは個人的な問題だっただろう。彼女は自分が神の選良であることに絶対の自信をもっており、ウィルソンのような一牧師が――その職務が何であれ、またケンブリッジの学位を持っていようと――自分の選良資格を再審査できるとは思えなかった。彼女は、この世における信心深い行動が来世における救済の証拠にはならないと信じていた。このような考え方は一世代前のピューリタンの考え方には合致していたし、また彼女がニューイングランドの聖職者ではなく英国国教会の牧師と議論していたならば、高い評価が得られたかもしれない。だが、ハッチンスン夫人は世界の変化を理解していなかった。ニューイングランドにおいて視える聖者であることは魂の一状態であるばかりでなく、政治的責務にもなっていた。ハッチンスン夫人が自分は神の選良であって俗人の政府以上の存在だと仄めかした時、それはいかなる政府にも認めがたい行動の自由を要求しているように聞こえたのである。ハッチンスン夫人はその種の行動の自由をじっさいに要求したわけではなかったし、自分に対する政府の支配権を否定したわけでもなかったが、自分の不満を正確に表現しようとして暗示性のたかい比喩を用いたため、宗教改革の申し子たちに長年内部で疼いていた諸問題を思い出させてしまった。マサチューセッツ湾に反律法主義論争をひきおこしたのは、ハッチンスン夫人の発言そのものではなく、彼女の発言の余波だったのである。

それゆえハッチンスン夫人とその支持者に対する批判は主として政治的なものとなった。ハッチンスン夫人の客間から生まれた議論は神学の言葉で語られたが、彼らに対する訴因は（一七世紀に両者が区別されていた範囲内ではあるが）異端ではなく治安妨害だった。植民地の指導者たちは、ハッチンスン夫人の信仰復興運動が湾植民地人に影響を与えていることに気づくと、物々しく攻撃を開始した。

一六三六年の暮れまでに執政官たちはボストンの造反者を訴追する用意を整えていた。この時までにボストンの分派は大勢力になっていた。そのため執政官たちは圧倒的な力を誇示して攻撃を開始することはできなかったが、整然と組織立ったやり方でその勢力の根を切り崩しはじめた。最初の一撃はややためらいがちに加えられた。一六三六年の後半、ウィールライトがボストンの会衆の求めに応じて講演を行なったが、一六三七年初頭になって、参議法廷が彼を暴動教唆罪の嫌疑で法廷に召喚したのである。この措置の引き金となった講演は現存するうちでもっとも興味ぶかい証拠物件の一つである。論争中に交わされた多くの激しい応酬と同じく、ウィールライトの説教のテクストはきわめて意味が捉えにくいが、そこに含まれている怒りの兆候や威嚇の暗示は三世紀後の今日でも感じとれる。

もし主イエス・キリストから離れるつもりでなければ、我々がとるべき道は以下のとおりだ。我々はみな魂の戦いに備えなければならない。我々は全身を神の鎧で覆わねばならない。（中略）そして我々は剣を腰に帯び、戦闘に備えなければならない。（中略）我々は一人残らず戦備を整え、神の敵に向かって打って出なければならない。もし我々が戦わなければ、業《わざ》の契約の下にある輩《やから》が勝利するであろう。注11

ウィールライトの審理は非公開で始まり、数日間続いた。けっきょく彼は侮辱罪と教唆罪で有罪と判定されたが、判定は僅差だったたし、民衆の反応も激しかったため、判決の申し渡しは混乱が静まる後日まで延期された。いずれにせよウィールライトは執政官たちの主な標的ではなかった。そこで彼らは、もっと大物の問題人物を処分できる機会が来るまで待つことにした。

その問題人物とはヴェイン総督だった。植民地全体でみると、ヴェインの絶大な人気にもいくらか翳りが出ていたが、彼は依然としてボストンの闘士であり、反律法主義運動の重要な象徴だった。もっとも、彼がボストン一派への帰属をますます強めていった結果、植民地中で政治勢力の再編がひき起こされた。初期の小競り合いは、少なくとも、戦闘の火線を定めなおす役には立った。いまや論戦の輪郭が明瞭になり、残りの入植者たちはそれぞれ火線のどちらかの側に分かれて、来るべき戦闘に備えはじめた。この再編の過程でジョン・ウィンスロップが隠棲状態から復活して、保守勢力を掌握した。こうして、同程度の信望とまるで違う気質をもった二人のライバルが、有力候補者として、一六三七年の総督選挙を争うことになった。執政官たちは、ウィンスロップ返り咲きの下準備として、選挙地をボストンから郊外のケンブリッジに移し、保守派はそれをできるかぎり利用した。ウィンスロップは大差で総督職を奪還し、ヴェインとボストン一派の他の二人の指導者が執政職から追放された。それは、公職を上流階級の特権と見ている民衆からのはげしい非難を示していた。

この運命の変転によって反律法主義論争の色合いが一変した。間もなく国中の全執政官がハッチンスン一派および代議員の大部分と敵対するようになった。もっとも、こうした絶大な兵力を擁しながら、訴追は相変わらず慎重に進められた。一六三七年五月、治安判事一名の許可がなければ、外部者は三週間以上植民地に滞在できないという命令が植民地総会から出された。[注12] これは、ボストン一派の増援部隊を絶つために意図的に可決された法案だった。ウィンスロップは率直にこう述べている。「というのも、連中はおそらく自分たちと同じ意見の者がイギリスから大勢やって来るのを期待していたからだ」[注13]。この決議によって植民地の興奮のレベルは一段上がり、人びとの神経をさらに逆撫でする出来事がその後の数ヶ月間に続発した。

まず第一に、ウィンスロップは新しく渡来してきたあるグループに湾植民地の滞留許可を与えなかった。例の外部者法を文字どおりに実行したのである。この唐突な行為は、親切なことで評判だった男のしたことだけに、一派の人びとには新しい痛撃となった。それから間もなく、ボストン一派の男たちが兵役への出頭を拒否したが、理由は従軍牧師が「業《わざ》の契約の下を歩んでいる」からだった。植民地がピークォッド族インディアンと死闘をくりひろげていた最中のことである。

いっぽうヴェインは不機嫌にボストンを歩きまわり、幾度かウィンスロップに対して要領を得ない無作法な態度をとったが、やがてこうした悪感情の爆発が臨界に達すると、彼はとつぜんイギリスにむかって船出していった。ボストンの仲間たちには政治指導者さえ残していかなかった。

だが執政官たちはそれでも行動をためらっていた。容疑者が誰で、どう処罰すべきかも分かっていたが、犯された罪にどのような罪名をつけるべきかが分からなかったのである。ジョン・ウィルソンやトマス・ダドリーのような人びとは、ハッチンスン夫人とその支持者の落ち度を言葉を尽くして述べ立てることができたが、そうした陳述は、どれほど語勢や言い回しに富んでいても、ピューリタン法廷のゆるい基準に照らしてさえ、いかなる法的訴因も構成しなかったのである。このため、問題を明確化する目的で、一六三七年夏に宗教会議が召集された。この重要な会議に出席するためボストンにやって来た聖職者たちは、反律法主義者たちを裁くための基準を法廷に答申するように求められた。つまり明快な教会法の起草を要請されたのである。コットンとウィールライトの二人も、他の聖職者全員と同じく、会議への出席を求められた。コットンはかなり妥協的な気分になっていたように思われるが、ウィールライトは事の成り行きにショックをうけて、座りこんだままほとんど発言しなかった。宗教会議が終わるまでに、聖職者たちは異端狩りの狂熱にとらえられていた。彼らの霊的欲求が満たされるまでに、八二項目もの「不穏な意見」が確認され、さらに九つの「不健全な表現」がリストに追加されて、この騒動に花をそえた。聖職者会議は二四日間つづき、その間に異端の可能性のある言動の一覧表は厖大な長さに達した。執政官たちは欲しくてたまらなかった訴追の武器を手に入れた。つまり彼らが擁護しようとしている正統的信仰の明確な輪郭線が与えられたのである。ジョン・コットンはその頃までに疲労困憊していたにちがいない。彼もついに自分のやり方が間違っていたことに気づいたと表明した。

執政官たちは、宗教会議の明確な承認に後押しされ、またジョン・コットンの態度にうかがわれる和解の兆しに安堵して、勢いも新たに未完の課題に立ち返った。まず彼らは法廷記録を探して、忘れられかけていた文書を見つけ出した。ウィールライトが暴動教唆罪で初めて逮捕された時、この措置に抗議するボストンの人びとが法廷に嘆願書を提出したことがあった。その書類が、八ヶ月もたって、ボストン造反者の訴追を補強するために闇の中から引き出された。この嘆願書に対する法廷の新たな関心は口実以外の何物でもない、とウィンスロップは上機嫌で認めている。

この前の教会全体会議は宗教問題に関する紛糾や不和を鎮めるのに効果があるのではないかと大いに期待されたが、結果的にはそうならなかった。（中略）それゆえ、植民地総会が（一一月二日に）召集され、協議の結果、これほど正反対の二党派が一つの団体の中にあれば、全体に損害を与える危険があると判断して、首謀者数名を追放することに合意した。これに対して、異議申立書ないしは嘆願書を提出できる公正な機会が与えられ、彼らは裁判ではなく、それらの書面の提出を選択した（三月九日）。その中で彼らは、ウィールライト氏が無実であること、そして、法廷はさまざまな恥ずべき煽動的発言によってキリストの真理を侮辱したと断言した。[注14]

この「公正な機会」の書面を吟味した後、植民地総会は法に則って行動を開始した。植民地総会は矢継ぎ早に、①先の嘆願書に署名したボストン選出の二名の代議員の免職、②ウィールライト牧師とハッチンスン夫人の植民地からの追放、③違法な党派に属していた他の八名のボストン人の市民権剥奪、さらに、粛清の仕上げとして、④五八名のボストン人をふくむ植民地全土の七五名の武装解除、の命令を出した。

ウィールライト氏およびハッチンスン夫人の意見と啓示によって、このニューイングランドの多数の人びとが危険な過ちに誘い込まれた。また、以前ドイツでもあったことだが、自分とは違う意見の持ち主に対して、まるで啓示をうけたかのようにとつぜん激高する人びとがいた。これらの嫌疑に対して正当な根拠が認められ、そうした事態を防止するため、以下に姓名を記す全員に対して、一一月三〇日までにボストンのケイン氏宅へ、所有または保管するすべての銃、短銃、剣、火薬、弾丸、火縄を引き渡すことを命ずる。この命令が履行されない場合、一件につき一〇ポンドの科料を科す（以上の通告は直接手渡すか、居宅に届けるものとする）。（後略）[注15]

一件は数日のうちに落着した。

Ⅱ

アン・ハッチンスンの裁判は一六三七年一一月に行なわれ、その法廷記録の複写が現存している。[注16]さまざまな点でこの裁判は、反律法主義論争がひきおこした混乱について、他のいかなる記録文書にもまして多くのことを語ってくれる。対立する諸勢力が実際に対決する様子を見ることのできる機会はこの裁判しかないからだ。一人の女性が、健康もすぐれず弁護する者もなく、判事たちの前に立たされ、彼女の生き方全体が裁かれた。アン・ハッチンスンは一〇〇名をこえる入植者の不満分子グループを代表していただけでなく、植民地がもはや許容できなくなったピューリタニズムの一系統をも象徴していた。ウィンスロップ総督とハッチンスン夫人が裁判官席用の木製テーブルを間にたがいの顔を見つめあった時、二人の顔には謹厳な総督の表情と性急で喧嘩っ早い主婦の表情が浮かんでいた。だが、二人の声はさらに重要な特徴を伝えていた。ハッチンスン夫人が古いピューリタニズムの活気にみちた熱狂を象徴していたのに対して、ウィンスロップ総督は新しいピューリタニズムの政治的成熟を象徴していた。この点に留意しないと、以下の二人の対話はほとんど理解不能になる。二人のやり取りは、開始された瞬間から、落ち着きを欠き不安定に思えるが、それは驚くにはあたらない。二人のリーダーはこれまで語られたことのない言葉を語り、これまで定義されたことのない論点を主張しようとしていたからだ。ある意味でこの裁判はそのような言葉を生み出そうとする試みだったと言ってよい。

審理はウィンスロップが検事と判事の両方の役割をはたす形ではじまったが、これは当時の正当な訴訟手順だった。冒頭陳述でウィンスロップは被告人に対する特定の訴因には言及せず、「ハッチンスン夫人、あなたは、国家と教会の安寧を乱した人びとの一人として、ここに出頭を求められているのです（後略）」といった言い方に終始している。

ハッチンスン夫人：私は答弁するためにあなたの前に呼ばれたのですが、私の起訴内容についてはなにも聞かされていません。
ウィンスロップ総督：すでにいくらか話しましたし、さらにお話しできますよ。
ハッチンスン夫人：訴因を一つあげてください、閣下。
ウィンスロップ総督：すでにいくつか言いませんでしたか。
ハッチンスン夫人：私がなにを言ったり、したりしたんでしょうか。

ウィンスロップ総督：うーむ、あなたのしたことはだな、そう、こういうことだ。例の党派のことはあなたも聞いたことがあるだろう。あの党派の関係者をあんたは匿って黙認してるのだ。
ハッチンスン夫人：その人たちはどんな法律を犯したんですか。
ウィンスロップ総督：神と国家の法律だ。
ハッチンスン夫人：とくにどの法律か、言ってください。
ウィンスロップ総督：これだけではないのだが、主は汝の父と母を敬えと言っておられる。……ところがあんたは彼らを黙認することでこの礼節を破ったのだ。

こうしたもどかしいやり取りが益もなくしばらく続けられた後、ウィンスロップが突然応酬を断ち切って、「あんた方女性と議論するつもりはないが、これだけは言っておく。あんたは彼らと一体なんだ、そしてあんたはあの党派を盛りたてようとしている、だから、あんたは我々を侮辱していることになるんだ」と怒鳴った。

尋問はここで新しい方向にむかった。ウィンスロップが被告人に、自宅で集会をひらく権利を与えている聖書上の定めを引用せよ、と求めたのである。ハッチンスン夫人は「テトス書［新約聖書中の一書で、パウロが弟子のテトスに送った手紙の形をとっている——訳者注］に、年上の女は若者に教えるべきだというはっきりした定めがあります」と見事に切り返したが、この学識の証明は法廷にほとんどなんの印象も与えなかった。次にハッチンスン夫人が、法廷は自分に弁明を求めるより前に、この訴訟の根拠となる聖書上の定めを示すべきだと、当然なことを主張した。その後で、次のような奇妙な会話が交わされる。

ハッチンスン夫人：それでは私は要望しますが、私を訪ねてくる人たちを追い返してもかまわない、そういうことをしても心の平安が保てるということを示している聖書の定めを私に示してください。

ウィンスロップ総督：そういう人びとを迎えてもよいという定めをあんたが示しなさい。

ハッチンスン夫人：それはすでに示しました。

ウィンスロップ総督：あれは受け入れられない。私が出した論証の方があんたのより優越しているからな。

審問の第一ラウンドはこのような横柄きわまる調子で終了した。そこに見られるものは、国内最高位の行政官が必死になった異端者の一人に対してのらりくらりと言い逃れをする姿で、まるで小学校の校庭での言い争いのようだが、ウィンスロップの立場の居心地の悪さはたしかに切実だった。国家にはハッチンスン夫人に対して提示できる正式な訴因が一つもなく、あるのは何かしなければならないという強い信念だけだったからだ。裁判の初期の段階でのウィンスロップの任務の一つは、起訴のためのなんらかの根拠を見出すことだった。この時、トマス・ダッドリーが会話に割って入り、持ち前の荒削りで単刀直入な調子で検察側の弁護を行なった。

私はハッチンスン夫人についてもう少し高所から見てみたい。三年ほど前、我々はみな平和でした。ハッチンスン夫人は到着したその時から騒動をおこしました。船で彼女と一緒だった数名の人が上陸直後の彼女の様子を教えてくれました。私は当時役目がらボストンの牧師や教師とつきあいがあったので、彼女に質問してくれるよう頼みました。そしてその時は、彼女が我々と違うことは考えていないと分かって満足しました。だが、それから半年も経たないうちに、彼女はいろいろとおかしな意見を言い出して、この土地のあちこちに仲間を作りました。それでとうとうコットン氏とヴェイン氏が彼女を審査する話が出てきましたが、コットン氏はその気はないときっぱりと断りました。しかし、今から思うと、この女の集会によってですね、つまり、彼女の集会に集まることによってハッチンスン夫人はこの土地の大勢の人の心を占領し、その結果今ではこの土地に強力な党派ができてしまいました。もしこうしたことが我々を根底から危険に陥れたのであれば、とりわけ彼女が我々の聖職者全員を見下したのであれば、そんなことは容赦しておけません！　我々は土台にまで追い詰められているのですから、またハッチンスン夫人こそすべての聖職者を侮蔑し、すべての問題の原因なのですから、我々はその土台を取り除かねばなりません。さもないと建物が崩れてしまいます。

裁判を通じてこれほど直接かつ誠実に陳述が行なわれたことはない。ハッチンスン夫人は「この土地の強力な党派」の指導者とされ、「すべての聖職者を侮蔑した」ことにされてしまった。事態はこのように単純明快となったが、ダッドリーの「そんなことは容赦できない」という断固たる結論も有罪判決の有効な根拠にはなりそうもなかった。その結果、法廷ショーは続行された。

審問の前半戦をつうじて多数の聖職者が法廷に立ったが、彼らは自分たちにとってとくに切実な問題をとりあげるよう執政官たちに要求しはじめた。ヒュー・ピーターズ牧師は上機嫌な時でも短気な男だったが、法廷がハッチンスン夫人に対する最重要の訴因、すなわち、ニューイングランドの聖職者への不敬を検討していないと文句をいった。集まった聖職者たちは次々に被告人からうけた侮辱的言動について語り、全員が名高いボストンでの集会――彼女が彼らの能力に異議をとなえた例の集会――に言及した。ピーターズの証言は簡潔で的確だった。

簡単に言いますと、彼女は私に、我々の兄弟であるコットン氏と我々自身との間には広く大きな相違があると言ったのです。私はその相違が何か知りたいと言いました。彼女は、彼は恩寵の契約について説教するが、あなた方が語るのは業《わざ》の契約だ、あなた方は新約聖書の優れた牧師にはなれない、あなた方はキリストの復活以前の十二使徒と同じで、分かっていないのだ、と答えました。そこで私が、そのような兄弟についてあなたはどう思うか、と尋ねました。彼女は、そういう兄弟は御霊の証しを持っていないのだ、と答えました。

ハッチンスン夫人は、この聖職者たちの証言に対して自分を弁護しようとしたが、彼女にできることはほとんどなかった。彼女は細かな一、二の不正確な点に抗議し、小さな表現上の問題を論じようと証言を中途でさえぎったが、彼女が取り上げたのはほとんど法手続き上の専門的事項だった。まるで彼女には起きている事態が理解できていないかのようだった。法廷内に奔流のように流れ込んでくる証拠の中から些細な事柄を拾い出すことに終始して、証言の実質そのものを問題にすることは一度もなかった。その日が終わり法廷が休廷になった時、審理はこうした不安定な状態におかれていた。

翌朝、元気をとりもどしたハッチンスン夫人は審問の冒頭で信じがたい要求を行なった。彼女は、聖職者たちが中立的な傍聴者ではなく検事側の証人を務めていると指摘し、彼らに宣誓した上で証言を繰りかえすように要求したのである。たしかに、純法律的観点からすれば、彼女の要求はまさに至当だった。ただ彼女はすでに湾植民地の聖職者に途方もなく侮辱的な言動を行なっていた。彼らがどれほど党派性をもっているにしても、聖職者は依然としてキリスト教世界の精神的権威であり、宣誓によって彼らの言葉の信頼度を高めようなどと提案する者は皆無だった。この異常な展開に聖職者と執政官はともに平静を失い、苛立たしい気分になっていった。一度ダッドリーが一人の不運な同僚にむかい、「そんな質問で法廷を騒がすとは、あんたはどういうつもりなんだ」と質問した。その二、三秒後、今度はジョン・エンディコットの声が一人の代議員に「言っておくがね、君のその態度は判事の体面にさらに泥を塗ることになると思うね」と噛みつくように言うのが聞こえた。さらに、判事団の一員でもなかったヒュー・ピーターズが数少ない弁護側の証人の一人に向かって「そんなことを言うなんて、あんたはどういう料簡で法廷に顔を出したんだ」とぶっきらぼうに言い放ち、事実上その証人の発言を封じた。長老たちはまだ弁護側の証言を聞く用意ができていなかったし、この起訴案件をどのように進行させるかさえ決めていなかった。

ジョン・コットンが証人台に立ったのはこの時点だった。おそらく法廷はすぐに静まりかえっただろう。彼はピーターズが辛らつな叱責で沈黙させるわけにはいかない証人だった。コットンはハッチンスン夫人と聖職者たちとの最初の会合に出席し、それなりに友好的な調停者を演じた。法廷で彼はその会合に関する彼の記憶が他の牧師たちと同じかどうか問われた。彼の返答はほとんど二枚舌と言えるほど慎重だったが、しばらくすると、その会合についてのコットンの「記憶」が他の牧師たちが報告した内容と違うことが明らかになった。コットンは次のように付け加えた。「お話しておかなければなりませんが、私は彼女が他の牧師方のことを業《わざ》の契約のもとにいると言っているとは思いませんでしたし、彼らが業《わざ》の契約について説教していると言ったとも思いませんでした」。法廷にとってこの証言は重大問題だった。この著名人からの支援がなければ、訴追を続行するのは容易ではなかったからだ。

判事たちを救ったのはアン・ハッチンスン夫人自身だった。ひょっとしたら彼女は一時の混乱を利用しようとしたのかもしれない。またドラマティックな効果に対する彼女の鋭い勘が彼女の分別を出し抜いたのかもしれない。もしかすると彼女のようなタイプの逸脱者は内的な衝迫に駆られて自分の感情を「表白」せずにはおれず、その表白を判事たちが「自白」と受けとめたのかもしれない。理由はどうであったにせよ、彼女はとつぜん自分自身の生涯について長々と語りはじめ、その長口舌の終わりに、自分の洞察は直接的な天啓の賜物だと明言した。「主を称えます。主は私に、どちらが明晰な牧師でどちらが誤った牧師かお示しになったのです」。判事たちは、眼前の事態を了解していくにつれて、徐々に興奮に捉えられていったが、長い年月がたった今日でも、彼らの興奮がまざまざと感じとれる。

ノーウェル氏：それが御霊だとどうしてあなたに分かったのですか。

ハッチンスン夫人：息子を差し出せとお命じになったのが神だと、アブラハムはどのように知ったのでしょうか。そうすることは第六戒に違反することでしたのに。

ダッドリー副総督：直接の御声によって、だ。
ハッチンスン夫人：そう、私も、直接の御声によって、です。
ダッドリー副総督：どんな風に。直接の啓示によってか。
ハッチンスン夫人：私の霊にとどく主の御霊の声によって、です。

高まる熱狂にとりつかれて、ハッチンスン夫人は運命の演技を続けた。彼女は、主が何度も自分のもとに示現されると打ち明け、ライオンの穴から救い出されたダニエルのように、自分もこの裁判から救い出されるにちがいないと言った。さらに彼女は判事たちに「もしこのまま進みつづければ、あなた方は自分と子孫に呪いを招きよせるでしょう。主の御口がそうお告げになりました」と警告した。

自覚していたかどうか分からないが、アン・ハッチンスンは、判事たちが懸命に探し求めていた訴因を彼らにくれてやったのである。神が人間に直接示現したと主張することは、ピューリタンの異端リストの第一位の項目だった。たしかに神はアブラハムに直接話しかけ恐るべき犯罪［我が子のイサクを生け贄として捧げること――訳者注］をおかすように命じたが、それは神の掟が最終的な形で広められる以前のことだった。今では教会というすぐれた媒介がそのために存在しているのだから、神がその意思を個々の人間に知らせるはずがない。示現の時代は終わったという一点に関してだけは、キリスト教世界の全聖職者の意見が一致していた。したがって、ハッチンスン夫人は、執政官への演説の中で、まったく不適切な例を用いたのである。彼女は――こんな場合にはよくあることだが――執政官たちの面前で彼らがもっとも恐れていたことを具現したのである。彼女は神との霊的交流によって自分は「聖書と同じように真正な」啓示を受け、それによって法律の埒外で振る舞える完全な裁可を得た、と語っていたのである。
ここで法廷は無情にもジョン・コットンに、ハッチンスン夫人のために何か他に言っておくべき意見はないか、と尋ねた。コットンはできるかぎり言葉を濁して、天啓という主題で蘊蓄にとんだ説教を行なったが、いつものように聴衆の心をつかむことはできず、談話の途中でダッドリーが「尊師、あなたのお話は退屈で、面白くありませんな」と言い出した。それはコットンがいまだかって聞いたことのない口調だった。結局コットンは退かざるをえず、彼が退くと同時に、津波のような非難がハッチンスン夫人に殺到した。温和で尋常なウィンスロップまでが勝利の叫びを抑えられなかった。

私には、驚くべき神の摂理がこれを起こされたのが分かる。(中略)今や天の配剤によって神の慈悲が我々の願いに答え、彼女の姿を暴露され、すべての動揺の原因を開示された。(中略)これこそすべての災いの根だったのだ。(中略)まさしくこれは、この世でもっとも危険な狂信なのだ。

すると法廷中がこの主題に和しはじめた。

ノーウェル氏:これは悪魔の惑わしだと思います。
ウィンスロップ総督:これまでに読んだすべての啓示のうちにも、これと似たような意見は読んだことがない……。
ダッドリー副総督:アナバプテスト派の間でも、このような啓示は見たことがありませんな。(中略）ドイツ人たちの間に起きた騒動はすべて啓示に基づいていたのです。啓示を口にした人びとが聞き手を焚きつけて、君主にむかって武器をとらせ、お互い同士喉を切り裂きあわせたのです。それが彼らの生み出した結果です。ここの連中の心に悪魔が同じことを吹き込んだのかどうか知りませんが、ハッチンスン夫人は悪魔に惑わされているにちがいない。神の御霊はすべての僕に真理を語るのですから。

ウィンスロップ総督：彼女が言う啓示は惑わしだと私は信じます（法廷記録のこの箇所には以下の注記がある。「二、三名をのぞくすべての牧師が〈我々もみなそう信じます〉〈我々もみなそう信じます〉と叫ぶ」）。

ブラウン氏：（前略）彼女は当然の非難をうけましたが、もっと非難されるべきですね。これがすべての災い、すべての呪わしい事柄の土台だったのですから。

後は形式上の問題だった。法廷は訴因を手に入れ、弁護側は引き下がり、あとに残るのは手続き上の二、三の細目だけだった。そこで、聖職者に宣誓をさせるという被告人の考えについて議論がはじまった。それはダッドリーには退屈な話題で、彼は口を尖らせて「みんな、腹ペコで病気になっちまうぞ」と文句をいったが、牧師たちに宣誓させることが決定された。牧師たちは宣誓して証言を繰りかえし、それですべてが終わった。ウィンスロップが評決をとり、その決定をハッチンスン夫人に宣告した。

ウィンスロップ総督：すでに宣言したように、本法廷はハッチンソン夫人の魂が問題であり、彼女の振る舞いが危険で、容赦できないことを納得しました。したがって、ハッチンスン夫人は我々の社会に不適格であり、彼女から我々のもつ特権を剥奪して追放し、この地を退去するまで拘禁すべきだと法廷は考えますが、その考えに賛成する人は挙手してください。

（三名を除く全員）

ウィンスロップ総督：反対の意見の方、挙手してください。

（コディントン氏とコルバーン氏のみ）

ヘ ニ ス ン 氏：私はどちらにも挙手できません。もし法廷が求めるなら、その理由を申し上げます。

ウィンスロップ総督：ハッチンスン夫人、お聞きになった法廷の判決は、我々の社会には相応しくない女性としてあなたを我々の法域から追放し、法廷が退去させるまであなたを拘禁するというものです。

ハッチンスン夫人：なぜ私が追放されるのか知りたいと思います。

ウィンスロップ総督：お黙りなさい。法廷はその理由を知っており、納得しています。

現代の読者がアン・ハッチンスン夫人事件の公判記録を読む場合、その一七世紀のテクストに二〇世紀の共感を反映させずに読むことはむずかしい。たしかにこの裁判は当時の基準に照らしても誤審であって、あわれな被告人が殉教者に見えるのは当然だろう。だがそれは、このエピソードの読み方としては誤読であるかもしれない。というのは、ハッチンスン夫人は彼女の追放につながった事件の一方の当事者であって、その基本的な方向と性格を決めるのに他の誰よりも大きな影響を及ぼしたからだ。彼女が自分の望んだものをこの裁判から得たかどうかはもちろん分からないが、自分が予想していたものを得たことは間違いないし、その予想を実現するために積極的な役割を果たしたのである。両方の陣営がたがいに相手側を刺激してそれぞれの立場を宣明させた。つまり両者はともに、ハッチンスン夫人流の会衆派思想と執政官たちのより正統的な立場を区別する一線を確立しようとしたのである。

　それゆえ、この審問は裁判の形をとっているが、そのことをしばらく忘れてみると、この審問の大きな方向性が理解しやすくなる。アン・ハッチンスンとマサチューセッツの執政者たちとの対決は、部族の儀式、道徳劇《モラリティ・プレイ》、伝統的ライバル同士の儀式化された対決のようなもので、検察側と被告人側の相方が、その場を支配している暗黙の規則を熟知していた。身についた儀式のステップを踏んでいくダンサーのように、この裁判劇の参加者は最後の結末がどうなるか誰もが知っていたに違いない。その結末に永続性のある意義を与えるためには、儀式の定式を守らなければならなかった。裁判は何時間も続き、話題が転々として法廷の姿勢も紆余曲折したにもかかわらず、避けがたい結末が待っているという冷厳な性格は一度も揺らがなかった。ウィンスロップが最後に法廷の評決を求めた時の言葉「すでに宣言したように、本法廷はハッチンスン夫人の魂が問題であり、彼女の振る舞いが危険で、容赦できないことを納得しました」は、開廷冒頭のダッドリーの言葉とほとんど同じ文句である。そして一瞬後、ハッチンスン夫人が判決の根拠の説明を求めても、にべもなく「お黙りなさい。法廷はその理由を知っており、納得しています」と撥ねつけられる。

これこそまさに問題の急所だった。法廷はハッチンスン夫人を追放しなければならないと感じていたが、当時のニューイングランドの語彙では、その感じをどう表現してよいか分からなかったのである。入植者たちはイデオロギーの焦点の移動、言いかえれば、コミュニティの境界線の変更を経験しつつあったのだが、その変動の性格を自他に説明できる語彙を持ち合わせていなかった。この裁判の目的はその表現法を創出することだったし、ハッチンスン夫人が犯した名無しの違反に名前をあたえることでもあった。全体としてみれば、アン・ハッチンスン夫人とその支持者の一団は「ハッチンスン主義」とでも呼ぶべきものに関して有罪だったが、それ以上でもそれ以下でもなかった。だが裁判の結果、改訂版の「ニューイングランド方式」の境界線では、この種の行動をとる者は逸脱者と見なされることがはっきり宣言されたのである。

マサチューセッツはまだハッチンスン夫人の処分を終えていなかった。裁判後の四ヶ月間彼女はある植民地指導者の家に拘束されていたが、一六三八年三月、別の審問をうけるために拘束をとかれ、今度はボストン会衆の前に立った。政府は追放宣告をくだすことで彼女の暫定的な運命をすでに決めていたが、今度は教会が彼女の魂の状況をあつかう時が来たのである。この二つの審理の間に、湾植民地の政治情勢にさまざまな変化が起きていた。もっとも重要な変化は、ジョン・コットンが完全に保守陣営に転向して、ボストンの造反者を正道にひき戻すために大奮闘したことである。自分は反律法主義一派の「隠れ蓑」にされたのであって、ハッチンスン夫人の奇妙な意見に与《くみ》したことはまったくない、とコットンは言いはじめた。[注17] 予想どおりウィンスロップは喜んで、コットンは「そうした過ちを探しだし、道を踏み外した人びとを一掃するため、公私の時間のほとんどを費やした」と報告している。[注18] それゆえハッチンスン夫人が自分の教区にもどり、彼女の勝利の檜舞台だった教会に入っていった時、かつて得ていた支持のほとんどが失われ、ジョン・コットン自身がその場の主役として彼女の訴追者を演じようと身構えていた。

教会裁判はさまざまな点でまったくの儀式だった。反律法主義クライシスはすでに数ヶ月前に終息し、その主人公たちは権力を剥奪されるか、植民地を追放されるか、正統的信仰の内部に引き戻されていた。だが、コミュニティの人びとは、自分たちの間で燃え上がり燃え尽きたその逸脱行為の明確な名称をまだ見出していなかった。反律法主義論争について読む現代の読者は、敗れた被告人にこれほど多大な要求をするコミュニティの長老たちは無情だったにちがいないと思い込むが、悲観論者ばかりでなく多くの人が、ハッチンスン夫人の一派は今なお国家にとって危険な存在だと疑っていたのである。むしろこの事件全体を有罪無罪の判定ではなく一つの儀式として見れば、言いかえると、尋問ではなくデモンストレーションとして見れば、その調子やリズムが理解しやすくなる。

世俗の法廷においてと同様、アン・ハッチンスンは審判者の前に立って、自分自身の哲学の具体的な教条について彼らと論争した。それは興味ぶかくまた恐るべき論戦だった。教会の長老たちは大きな棍棒で武装しいつでもそれを使う気でいたが、ハッチンスン夫人が自己弁護のために使えると判断した武器は、屁理屈の役にしか立たないほど鋭利な寸鉄だけだった。[注19]

コットン氏：告発に対してあなたが述べた最初の意見は、すべての人間の霊はもともと死すべきもので、獣のごとく死する、というものです。そしてその根拠として、あなたは伝道の書三章一八節から二一節を引用しています。

ハッチンスン夫人：その場所がどこか、神の与える霊が戻っていく場所がどこか、答えていただきたいと思います。

コットン氏：その場所は、霊は上に昇る、と伝道の書一二章七節に述べられています。人の霊は人の肉体のようにチリに戻るのではなく、神の許に行くのです。人の魂は不滅です。

ハッチンスン夫人：すべての人は魂と肉体でできています。アダムは彼の魂と肉体が死なないかぎり死にません。そして、ヘブル人への手紙の四章に、言葉は生きて働き、魂と肉体を分かつ、とあります。ですから、神の与える霊はたしかに神の許に戻りますが、魂は死ぬのです。伝道の書が言っているのは霊のことであって、魂についてではありません。ルカ伝一九章一〇節をご覧ください。

コットン氏：もしアダムの魂と肉体が死に、救世主イエスによって贖われ復活したのではないとあなたが信じているのであれば、それは我々の考えるキリストの贖いを覆すことになります。魂と肉体はともに代価をはらって買いとられたのだ、とルカ伝一九章一〇節にあります。私が来るのは失われた者を探して救うためである、とコリント人への前の書六章末にあります。

ハッチンスン夫人：無益な会話から救われることや他の救済には同意しますが、イエスがアダムの子孫を贖うために来たとはどこにも書かれていません。彼が来たのはアブラハムの子孫を贖うためです。

ウィルソン氏：あなたの疑念を言い募る前に、あなたが挙げた箇所や、神の霊には贖いは必要ないというコリント人への前の書六章末について真剣に考えて欲しいと思います。イエスはいずれの箇所でも神の霊についてではなく我々の霊について語っています。

ハッチンスン夫人：私はいま神の霊について語っているのではなく、私の主要な疑念を提出しようとしているのです。それは、永遠に悲惨である者がなぜ永遠に幸福になりうるのかという疑念です（後略）。

この法廷記録のページをめくりながら我々は言葉の藪に踏み迷いがちだが、言葉の意味に気をとられることなく読み進めていくと、会話の音声にふくまれる韻律的な対位法に気づくだろう。ジョン・コットンの滑らかで老練な口調、アン・ハッチンスンの歯切れのよい論理、背景で寄与している牧師たちのコロス、そして時折挿入されて全体を区切るジョン・ウィルソンの怒りの言葉（「この意見は危険で呪わしいものであり、サドカイ主義［来世とメシアの到来を否定したユダヤ教の一派――訳者注］か無神論に他ならず、したがって忌むべきものと見なします」）。審理は二回にわたって続けられたが、この韻律上の特質が失われることはなかった。さまざまな参加者がリズムにのって動き回り、一種の儀式的詠唱を唱和しているかのようだ。こうした議論の応酬に慣れていない現代の読者にはその効果がより衝撃的に聞こえるかもしれないが、ボストンの会衆たちは儀式的異端審問を共有しあう感性をそなえていたにちがいない。

いま一度繰りかえすが、大半の儀式と同じように、結末の予測はついていた。問題はその結末の有意義な表現法を発見することだった。牧師たちはハッチンスン夫人に自説を撤回するように説得しつづけた。そうすることが儀式における彼らの伝統的役割だったから、彼らは職務規則に則ってそうしていたのである。ところが、第二回目の審理で、思いがけないことが発生した。ハッチンスン夫人はそれまで注意ぶかく牧師たちの言葉に耳を傾け、第一回と第二回の審理の間の一週間は人びとの注目を浴びていた。ところがその彼女がとつぜん、牧師たちは結局間違っているのではないかと言い出したのである。これは決定的な瞬間だった。広く認められたこの儀式のルールでは、心やさしい牧師たちが道を踏みはずした姉妹に考え違いを諭し、悔い改めの手助けをすることになっていた。このような土壇場にきてこんな椿事《ちんじ》が起きてしまえば、いったいどうしたらよいのだろう。悔い改めにはもはや遅すぎた。長老たちは戦略を変更して、彼女の突然の「告白」は説得力にとぼしいと表明するほかなかった。その結果、審問はさまざまな発言者たちの新しいコロスに引き継がれた。ある者は彼女の態度には真の「屈従」が表れていないと指摘した。またある者は「悔い改めが顔に出ていない」と述べた。さらに「彼女は悔い改めの格好はいくらかしたけれど、真心からのものとは思えませんね」と付け加える者も出てきた。結局、牧師たちは彼女の改悛を受け入れる気になれず、彼女を改悛に関する虚言の罪で告発することにした。そしてこれが彼女の破門の最終的な訴因となったのである。その恐るべき判決はジョン・ウィルソンによって読み上げられた。

ハッチンスン夫人、あなたは甚だしく法を犯した。また、あなたはその過誤により多くの点で教会を苦しめ、多くの人びとを背かせ、自分への神の顕現を主張した。また、虚言等を行なった。以上の理由により、私は、主イエス・キリストの御名において、また教会の御名において、あなたが追放に値することを宣言し、かつ実際に追放するものである。また、キリストの御名において、涜神、誘惑、虚言についてこれ以上学ぶことのないようあなたをサタンに引き渡すものである。今より以降、あなたは異教徒、収税人と見なされ、当地の会衆および他の会衆の兄弟姉妹全員から隔離される。したがって、私は、救世主イエスとこの教会の御名において、あなたにライ病者としてこの会衆より退去することを命ずる。さらに、あなたは以前聖礼典を軽侮し背を向けたのだから、今より以降、あなたは聖礼典に参加できず、その恩恵に与《あずか》らないものと定める。

この教会裁判の少し後、ウィンスロップは次のように日誌に書いている。「彼女の気分は以前は少し沈みがちに見えたが、破門の後ふたたび回復し、苦難の中にあって神の栄光をたたえ、これは自分の身に起きたことのなかでキリストとの出会いに次ぐ最大の幸福だ、と言った。たしかにその日は植民地のキリスト教諸教会にとって幸福な日だったし、また彼女に唆され、（中略）神の恩寵によって彼女の過誤から救われ、真理のうちに戻った人びとにとってもそうだった。[注20]

ハッチンスン夫人を反律法主義論争の中心に据え、すべては彼女の特異な性格の外延だったかのように事件全体を説明するのは便利だが、どれほど一個人の伝記事実を積み上げても、それだけで彼女の追放につながった事件は説明できない。問題は、彼女のような風変わりな意見と性向をもつ女性がどうして一七世紀のボストンに出現したかを突き止めることではない。むしろ、彼女が客間で教えていたような脆弱な思想に植民地人たちがなぜ恐れ戦《おのの》いたかを突き止めることだ。ウィンスロップが考えたように、彼女が狡知な奇想でボストンの善良な人びとを「惑わした」のだとすれば、それは彼らにそのような偏向をうけいれる下地ができていたからである。したがって、彼女の議論の仕方を理解することより、それに反応した入植者の気分の変化を理解することの方がはるかに重要なのだ。自分の確信に駆りたてられてますます興奮していくハッチンスン夫人のような人間はどこにでもいる。そういう人びとが暴動の指導者や変革の予言者になれるのは、周囲のコミュニティが彼らの言葉に耳を傾ける場合に限られる。そして、思いがけない聴衆が出現すると、このタイプの人間はその聴衆に囚られていく傾向が強い。一六三六年、ボストンの町民は彼女のたった一人の十字軍に加わることを決意したが、それによって人びとは彼女を困難な歴史の十字路に立たせることになったのである。

この十字路には通常の標識が立てられていなかった。ボストンの人びとは自分たちが十字路に差しかかっていることに気づいていなかったのだ。ニューイングランドのピューリタン理論は変わり始めていた。ピューリタン理論は元来個人の宗教体験を重視するものだったが、救済への「準備」という新たな教義を推進するために、その個人性の重視が大幅に失われていった。この救済の「準備」という教義はペリー・ミラーが「ニューイングランド神学独特の徽章」[注21]と呼んだもので、その結果、恩寵という概念全体が以前のような馴染みやすさと変革の力を失ったのである。これは説明しにくい変化だった。マサチューセッツ湾植民地は、教会と国家は分離されるべきだという理念から生まれたコミュニティだった。それは、教会の権威の分散化を先導したコミュニティ、各個人はそれぞれの良心の命ずるままに行動する能力と責任をもっているという信念に則って作られたコミュニティとも言いかえられる。そのようなコミュニティには、「ニューイングランド方式」に発生したさまざまな事件を語り伝える理論も伝統もなかったし、上述の焦点移動を説明できる語彙もなかった。ハッチンスン夫人の追放という執政官たちの決定は、いろいろな意味で、見出せなかったその語彙の代用品だった。彼女を有罪とした評決は、マサチューセッツ湾のピューリタニズムが新しく定めた境界の公式声明だったといえる。執政官たちは、ハッチンスン夫人に判決を下すことを通じて、彼女が体現する歴史段階がもはや過去となったことを唯一可能な方法で宣言していたからだ。そう宣言するためには、これ以上簡明な表現法はなかったのである。

クエーカー教徒の侵入

そこで彼らはすでにある法律を破ったからではなく、これから制定しようとする法律のせいで苦しんだ。[注22]

一六五六年に始まったクエーカー教徒迫害は、一見二〇年前の反律法主義論争と似ているように見える。どちらの出来事でもマサチューセッツの長老たちが対決したのは、穏やかな論証によって自説を述べるのではなく、まるで自分たちには神の心を見抜く特別の洞察力が備わっているかのように振る舞う、つかみ所のない敵対者の一団だった。反律法主義者は「恩寵の契約」について茫漠としたことを語った。クエーカー教徒も同じように曖昧な言葉で「内なる光」について語ったが、大雑把にいえば両者は同じことを言おうとしていた。つまり、人は自分と神の関係を自ら処理すべきであって、自分の宗教体験を教会裁判所の判事の検閲に委ねるべきではない、と言おうとしていたのである。したがって、よりひろいアメリカ史の流れの中では、反律法主義とクエーカーのエピソードは一緒に扱われることが多い。これら二つの事件はある種の不満の最初の蠢動《しゅんどう》で、それがやがてピューリタンの冒険的事業の性格全体を変えていくことになった。だが、この二つの犯罪の波は多くの点でまったく異なっていた。反律法主義者は、恩寵の神秘な働きをあつかう聖職者の能力を否定することによって、「ニューイングランド方式」の政治的輪郭を脅かした。いっぽう、クエーカー教徒は、信教の自由を基本的市民権として要求することによって、正統的信仰のコミュニティという観念そのものに異議を唱えた。これら二つのクライシスで積極的な役割をはたした人びとはよく似ており、じっさいクエーカーの平信徒には、かつて反律法主義派に参加していた人びとが数名ふくまれていた。けれども、両事件は性格上重要な違いがあり、結果においてもむろん異なっていた。その違いを一例だけ挙げてみよう。反律法主義論争は古くなって意義の薄れた種類のピューリタニズムを社会全体が拒否しようとしたと解釈できるが、クエーカー教徒迫害は新種のピューリタニズムの出現を阻止しようとする試みだったのである。

三世紀を隔てて振り返ると、クエーカーの脅威へのマサチューセッツの反応はじっさいの危険度とは不釣合いなほど苛酷だったように思われる。植民地に最初にやって来たクエーカー教徒はボストン湾にこっそりと入港してきた中年主婦の二人組だったが、当局者はこの控えめな挑戦に強圧的な示威をもって応じた。そのため後になって「強大な軍隊が国境を侵略したかのように」振舞ったと非難されたほどだった。[注23]

もっとも、さまざまな点でこの反応は見かけほど不合理ではなかった。というのは入植者たちが目指した正統的信仰への反動が世界的に広がりつつあり、二人の女性がボストンに来たのも、そうした動きに乗ってのことだったからだ。だからこそ執政官たちも、この伝道者の第一陣を悪魔の軍団を迎え撃つもてなし方で迎えたのだった。

私たちがクエーカー教徒迫害に関してもっている情報はせいぜい素描程度のものである。この主題についてのもっとも綿密な記録文書は、ジョージ・ビショップが一六六一年に執筆し一六六七年に増補した書物である。彼はイギリスのクエーカー教徒で、マサチューセッツに行ったことのある仲間から多くの資料を収集した。ビショップの本は湾植民地政府に対する抗議として書かれたもので、いかなる点でもこの問題の客観的な概観ではない。だがビショップの情報と他の記録を照合できる実例が本文の随所に見られ、それらのどの例においてもビショップの説明は基本的に正確である。この本は党派的かつ感情的な調子で書かれているが、報じられている事実は全体的に妥当だと歴史家は認めている。クエーカー教徒迫害の第二のデータ群は、マサチューセッツ植民地自体の記録から入手したものである。この章では、他の章以上にこの記録からの引用が頻繁に用いられるが、植民地の海岸にとつぜん現れたこの奇妙な「侵入者」を当局者がどう感じていたか、この記録だけが教えてくれるからである。

I

クエーカー教徒が初めてマサチューセッツに姿を現したころ、植民地は数々の重大な変化に見舞われていた。その第一は、第一世代の指導者の大部分が舞台から去ったため、政府が新しい未熟な手に委ねられたことだ。ウィンスロップは一六四九年、コットンは一六五二年に死去し、最初からの仲間たちの多くも彼らを追って墓に入るか、ピューリタン革命の勃発とともにイギリスに戻っていた。さらにイギリスの政治情勢の好転によって、マサチューセッツ湾地区への移民の流入が事実上停止し、その結果マサチューセッツは他の世界とのもっとも重要な接点を失った。

ジョン・ウィンスロップの死はさまざまな意味で一時代の終焉を告げていた。彼が懸命に建設しようとしたコミュニティが、今では整然とした方針にそって組織されていた。一六四八年に系統だった法典が発布され、植民地に法的枠組を与えた。同年ケンブリッジ綱領が採択され、教会に組織的な規約が与えられた。総じて、かつてコミュニティに主要な推進力と活気を与えていた霊感の感覚は、今では整然たる制度に姿を変えていた。「ニューイングランド方式」の特徴が青写真の中に再生産され、きわめて組織的にコミュニティの生活を動かしていた。第一世代にとって切実だった課題は（少なくとも彼らの目には）すでに解決され、第二世代はその枠組の中で生活することを学びつつあった。「ニューイングランドはもはや改革ではなかった。それは政府になっていた」[注24]とペリー・ミラーは書いている。

だが、おそらくもっとも重要な変化は、マサチューセッツ湾植民地がイギリス内の支持基盤から次第に孤立していったことで、この展開はイギリス本国で起きていたことに目を向けないと理解できない。

イギリスのピューリタン勢力が国王に対する最終的な戦闘を開始した時、彼らは二つの大きなグループに分かれていた。スコットランドの方針にそって全国教会を形成したいと考えている長老派《プレズビテリアン》の中道主義者と、ある程度ニューイングランドの例にならって地域教会のゆるい連合を追求する会衆派《コングリゲイショナル》の独立教会主義者である。長老派は議会内部に勢力をもち、勃興する商人階級から一定の支持を得ていた。いっぽう会衆派はクロムウェル軍の兵士たちに集中し、全国的にかなりの人気を得ていた。このためピューリタン革命が動き始めたとたん、イギリスの政治状況は混乱の度をふかめ、ピューリタンの覇権前夜には議会、軍隊、敗者復活の国王の三つ巴の争いになっていた。

クロムウェルが権力を握った時、マサチューセッツは喜んだ。これこそ待ち望んでいた瞬間であり、その実現のために奮闘してきた改革だったから、しばらくは彼らの最大の夢が実現したように感じられていた。イギリスの会衆派は自分たちの綱領を「ニューイングランド方式」と呼びはじめ、マサチューセッツの聖職者グループを相談や諮問のためにロンドンへ招くことさえした。湾植民地の人びとは神から委託されて準備してきた歴史的役割をはたす時がいよいよ来たように感じた。

ところが、湾植民地がイギリスに祝賀の便りを送った直後、植民地は衝撃のあまり飛び上がらざるをえなくなった。クロムウェル軍のピューリタンたちは湾植民地の兄弟とはまったく別種の人びとであることが明らかになったからだ。戦陣暮らしの長かった彼らは、荒削りな哲学を語り、あらゆる宗教的意見を許容する戦友愛的な考えをいだいて戦場から戻ってきた。さらに悪いことに、彼らは、ニューイングランドから間違った教訓しか学ばなかったロジャー・ウィリアムズやヘンリー・ヴェインのような人びとの言葉に耳を傾けたのである。こうして湾植民地人たちは祖国と呼んできた土地に信教の自由の思想が根を下ろしてゆくのを見ながら、嫌悪のあまり顔を背けることしかできなかった。ナサニエル・ウォードは独特の強い調子で、この問題に関するマサチューセッツの立場を次のように述べている。

第一に、我々ニューイングランド人について非友好的な報告を遣り取りしてきた人びとは思い出すべきである。我々は狂気じみた意見のもち主、狂信的な教義と儀式を自由に実践するため遠隔の荒野に群れているクズどもと言われてきた。我々はそのような人物や進路とは正反対に、過去においても勤勉だったし、たえず精励に努めている。そのことは我々のためのよい弁明になると私は信ずる。私はあえてニューイングランドの触れ役をひきうけ、我らの植民地の名において、世界の人びとに以下のことを告知する。すべての愛の家族主義者《ファミリスト》、反律法主義者、再洗礼主義者《アナバプティスト》、その他すべての熱狂的信仰者よ、あなたたちに我々と別行動をとる自由を与えよう。マサチューセッツに来ようという人びと、できるだけ早くイギリスを去れ。早ければ早いほどよい。[注25]

ペリー・ミラーによると、ウォードのこの著作の「留意すべき点は、アメリカ的体験がイギリス的体験と異なってきた、あるいは、初めから一貫して異なっていたという点である[注26]」。その結果、植民地ははじめの企図とは裏腹に歴史の流れから切り離され、イギリスが先頭を切って近代世界に突入していく間、反動の孤立地帯として後方にとり残された。この逆転現象は同時代の政治冊子の表題「ニューイングランドからの悪い知らせ――オールドイングランドが新しくなり、ニューイングランドが古くなる話[注27]」が鋭く捉えている。

問題は、植民地が主たる存在理由を失ったことだった。会衆派自らが見本となって他の人びとに実物教育を施すため新世界にやってきた。もしイギリスのピューリタンがマサチューセッツの提供する見本に興味を失ったとすれば、彼らの計画全体が少々無意味に感じられてくる。この状況をまたもやペリー・ミラーが見事に言い表している。

もし世紀の大スペクタクルで主役を演ずることになったある俳優が、衣裳を身につけ、メークアップをすませ、台詞の暗唱を終え、深呼吸をし、舞台に進み出て行ったのに、劇場は暗くガランとしていて、スポットライトも点いておらず、ひとりぼっちなことに気づいたとしたら、彼が味わうのは一六五〇年か一六六〇年頃のニューイングランドの気分だ。一六四〇年代のピューリタン革命の内戦期、植民地はいわば観客を失ったのである。[注28]

こうして、マサチューセッツの人びとは深刻なアイデンティティ問題に直面しなければならなくなった。「彼らはたえず、時には罰当たりなコトバまで使って、〈私たちはいったい何者か〉と自問している[原文はWho the Devil are we, anyway? でthe Devilは涜神語——訳者注[注29]]」。英語圏世界の他の地域は徐々に全面的な信教の自由の時代に入りつつあったが、植民地人はそうした歴史の趨勢を踏み外してしまい、そのため宇宙における自己の位置づけに関してイギリス・ピューリタン運動の支援が期待できなくなっていた。それゆえクエーカー教徒のアメリカへの出現は植民地人にとって格別の意味をもっていた。この動乱の時代にニューイングランドがどのような立場をとるにせよ、そこが信教の自由を鼓舞する場所でないことは明らかで、植民地人はそれを自他を区別する特徴として公言しようとしていた。言いかえれば、それが彼らの主張できるほぼ唯一のアイデンティティだったのである。

そのうえ、植民地はその種の仕事に適した新しい指導者をもっていた。かつてウィンスロップとコットンが生み出した建設的雰囲気は、ジョン・エンディコットとジョン・ノートンのような人びとのずっと限定された影響力にとって代わられていた。二人はそれぞれ執政官と聖職者の筆頭として、ウィンスロップ時代の計画と方針を継承していた。その基本姿勢は成長のそれではなく防御のそれ、変動する時代に応じて新たに作り出すのではなく、受け継いだ遺産を守ることにあった。ウィンスロップは方針や手順についての疑問を日誌に書きとめたが、そうした誠実な問いかけの雰囲気が絶対的確信の調子に置き換えられた。ブルックス・アダムズはエンディコットについて、「頑固さと大胆さにかけては英雄的なまでに猛烈で、完璧な教会の戦士だった[注30]」と言っているが、この一節はジョン・ノートンにもそのまま当てはまる。

こうしてマサチューセッツはウィンスロップの法典反対論が敗北した時に始まったサイクルを完結させた。ウィンスロップが指導者だった長い年月の間に、ピューリタニズムの主観的原理はゆっくりと固まって、しっかりとした網の目状の諸制度に変貌していった。ところがウィンスロップの死からわずか数年で、その同じ原理が融通の利かない新世代にとって硬直した遺産となってしまった。もしウィンスロップをピューリタン共和制の建築者と呼べるとすれば、エンディコットはその建物を侵略者から守り、伝統的な家具の保管につとめる頑固な管理人ということになろう。歴史的にみると、この種の行動は世界内の自分の位置に自信がもてなくなった人間――自分が誰か思い出せないことがあり、そのためいっそう昔の習慣にしがみつく人びと――を連想させることが多い。

Ⅱ

一六五六年から一六六五年にかけてのクエーカー教徒迫害に加わった人びとのことは、あまり分かっていない。その期間に数十人のクエーカーがロードアイランドから陸伝いに、あるいは他の海港から船にのって湾植民地にやって来た。そして彼らは、地元の多くの改宗者とともに宣教に専念した。少数の人びとの名前は知られている。またその他の数名についても、この苦難に満ちた一〇年間に彼らの身の上にどういうことが起きたか分かっている。だが、大半の人びとがどこから来て、最終的にどこに去ったか、はっきりしたことは分かっていない。そのため、この事件の記述は戦闘記録に似た雰囲気になる。つまり、個々の人間ではなく無名の兵士をあつかっているような感じ、あるいは市民の示威行動ではなく作戦行動をあつかっているような感じを受けるであろう。どちらの陣営も宗教戦争を戦っていると考えていた気配があるが、上記のことに目を向けると、なぜ彼らがそう考えたかが理解される。クエーカー教徒は好戦性をむき出しにしたので、彼らはサタン軍の歴戦の部隊だと受けとめられた。そのためピューリタンは、自分たちの生き方に挑戦する敵対者はすべてキリスト教への組織的攻撃の一部だと見なした。だが社会学的観点から見れば、このイメージは満足できるものではない。経験をつんだ少数の宣教者をのぞけば、この無規律な集団の中になんらかの組織が存在した証拠はほとんどない。やがてクエーカー教徒と呼ばれることになる人びとの大半は、おそらくお互いに顔も知らず、戦術を考えて行動計画をたてたこともなかっただろう。今回もまた犯罪の波が起きたのは、コミュニティが幾人かの成員の行動に懸念をいだいたのがきっかけだった。そうした不安が表明された後に戦線が設定され、そこに人びとが集まったのである。

かつて植民地総会が、領内で発見されたクエーカー関係の文献は公の場で焼却しなければならないという命令を出したことがあった。だが二人のクエーカー教徒の主婦がボストン湾で発見された一六五六年まで、問題の兆候は見られなかった。当局には二人の到着があらかじめ警告されていたらしい。女性たちは下船する以前に逮捕された。二人はただちに監獄に連行され、衣服をはがれ、魔法の印がないか調べられた。翌日、二人が持ってきた書物が市場で公けに焼却された。それから間もなく、獄中の二人に、彼女たちを追って湾植民地にやって来た八名か九名の宣教者が加わった。その後長期間の拘禁をへて——その間、通行人との接触を絶つため留置場の窓には板が打ち付けられたが——、グループ全体が出航する船に乗せられ、慌ただしくバルバドス諸島へ送り返された。これを軍事作戦としてみれば、このクエーカー教徒との最初の遭遇戦は順調に処理され、当局者たちはこの結果に十分満足したと思われるかもしれない。ところが、法律上の細かい点に関して、思慮ぶかい市民から批判がでた。クエーカーの活動を禁ずる法律が湾植民地にはまだないというのである。

この問題はただちに是正された。一六五六年一〇月、「最近世にはびこるあの呪われた異端者の一派」を取り締まる法律が植民地総会で制定され、「ボストンの数個所で、太鼓の響きとともに、布告された」。この禁令は船舶所有者または船長に向けたもので、もしクエーカー教徒と知って管轄区内に連れてくると、厳しい罰金が科せられることになっていた。またクエーカーの宣教者を匿ったり、クエーカーの「不敬な言動」を他者に伝えた植民地人にはさらに重い罰則が定められていた。禁令はさらに次のように述べている。「最後に、クエーカー教徒がよくやるように執政官あるいは聖職者の職務または人物を罵倒したすべての者に、厳しい鞭打ちまたは五ポンドの科料の支払いを命ずる」[注31]。ついでに言うと、ほとんどのクエーカー教徒は良心の問題として科料の支払いを拒否したから、クエーカー教徒であることに対する罰則（正確には、クエーカー教徒のように振舞ったことに対する罰則）は事実上鞭打ちだった。この決議のもっとも興味ぶかい特色の一つは、追放について触れられていないことだ。マサチューセッツ政府は地元の離反者がクエーカー運動に加わるという懸念をまだ抱いていなかったらしい。この決議の主な標的は正式の追放処置をとらずに退去させられる他地域からの来訪者だった。

一六五六年の法律はクエーカー教徒をさらに激しい活動に駆り立てただけだった。間もなく、殉教以外なにも望まない男女を指導者として、植民地への全面的な潜入計画が開始された。その努力はすぐに効果をあらわして、この地域に改宗者を生み出した。クエーカー運動というこの新しい波のもっとも厄介な点は、関係者の数名がすでにピューリタンの司法制度を経験しており、それ以上の弾圧を求める激しい欲求を持っていたことだった。当局者にとっては、これはとりもなおさず現行法の厳格さ不足を意味していた。このため植民地総会は一六五七年にクエーカーに対する備えを強化した。今回は、容疑者の多くが植民地人であるという明白な事実も配慮された。

さらに、もし一人あるいは複数のクエーカーが法の定める刑を務めた後ふたたび当管区に侵入した場合、男性クエーカーであれば、初犯では片耳を切り落とし、経費自弁にて退去まで監獄に拘束し労働に従事させる。再犯に対しては他方の耳を切り落とし、上述の条件で監獄に拘束する。女性クエーカーが当地において刑を務めた後ふたたび当管区に侵入した場合、厳しく鞭打ち、経費自弁にて退去まで監獄に拘束し労働に従事させる。再犯に対しても上述の条件で労役に従事させる。さらに、三犯のクエーカーは、男女を問わず、焼けた鉄串でその舌を穿ち、経費自弁にて退去まで監獄に拘束し労働に従事させる。当地出身のクエーカーも他地域のクエーカーと同様に扱われ、同様の刑罰をもって処罰される。[注32]

この法律に違反して三名が片耳を失った。攻撃は恐るべき速度で拡大し、それに伴って当局が科そうとする処罰の量も増大した。多くの鞭打ち、禁固、罰金、その他さまざまな形の制裁が用いられた。マサチューセッツに最初に現れたクエーカー教徒グループの一員だったウィリアム・ブレンドという男は縄つき鞭で一一七回打たれたと言われているが、これは猛烈な笞刑で、医者が手を拱いて死なせる他ないこともあった。この一件についてビショップは次のように書いている。「(前略) 打たれた肉が黒ずみ、ゼリーのようになった。両腕の下に、叩き潰された肉と血が垂れ下がり、袋のように固まっていた。あまりに叩かれて肉が一塊になり、一撃ごとの痕跡は見分けられないほどだった」[注33]。この記述はブレンドの傷を誇張しているかもしれない。だが、植民地中に蔓延していた激しい怒りの気分は誇張されてはいない。

こうした身の毛のよだつエピソードは湾植民地人の興奮を高めただけで、その結果、ある者は迫害の態度をさらに強め、またある者はクエーカー運動への共感を深めた。この頃までに、おそらく二五名前後の外来者が論争に火をつけようと地方を回っていたし、一〇〇名ないしそれ以上の地元の改宗者が信仰集会に集まるようになっていた。たとえば、一六五八年にセイラムの一軒の家が警吏に急襲され、二名の外来宣教者と会っていた一九名の町民が逮捕された[注34]。逮捕以降の郡裁判所記録によると、この集団《セル》は長年にわたってさまざまな形で集会をつづけ、ほどなく五〇名をこえる会員数に達したという。ごく小さな村としてはかなりの数である。

したがって、植民地総会の年次大会が一六五八年一〇月に召集された時、当局者たちは絶望的な気分に陥っていた。クエーカーを意気阻喪させるためにとったあらゆる処置は、かえって彼らをさらに活発な行動へ駆り立てただけのように思われた。ピューリタンの物の考え方の特徴はその一途さにあると言われるが、当局者たちはまさにそうした一途さを発揮して、すでに苛酷なものになっていたクエーカーへの罰則をさらに厳罰化する決定を行なった。新法の規定では、クエーカー騒動で有罪となった者は全員、「違反すれば死刑という条件つきで[注35]」領内から追放されることになった。つまり、クエーカーの犯罪に対する処罰は追放だが、追放という条件を守らないと死刑になることを、この条文は意味していた。法廷が気づいていたかどうか分からないが、この禁令が大混乱の誘い水となった。迫害を渇望するクエーカーにとって、良心のために絞首台に登る機会ほど満足のいくことはなかったからだ。

その結果、処刑をもとめる志願者がニューイングランドの隅々から桧舞台をめざして殺到してきた。それらの人びとのうちには、警吏に鞭で打たれたことのある人びと、ボストンの監獄で何ヶ月も過ごしたことのある人びと、私有財産のすべてを没収されたことのある人びとが含まれていたし、処刑台で片耳を失ったことのある人も最低二名含まれていた。この新たな攻撃に当局は迫害の速度をあげることで応じた。一六五九年五月、植民地総会は新法の規定にもとづいて六名のセイラム住民を追放した[注36]。そのしばらく後、両親に対する罰金に充当するため二人の幼い子どもを奴隷に売り払った[注37]。だが、こうした執政官側の敵対措置はいずれの場合も反対勢力に新たな活力を与えただけに終わったようで、一六五九年の夏までには、マサチューセッツはより穏健な立場に後退するか、それとも従来の決定を実際の流血で確認するか、そのいずれかしかないことが明らかになった。両陣営にそうした対決を実行するだけの勢いがあったことは間違いない。

違反すれば死刑という条件づきで追放された数名のクエーカーが、植民地総会の会期中にボストンに戻ってきた。新法を試そうとしたのである。彼らには信奉者の一団がついて来たが、その中には、セイラムの入植者グループ（うち一名は「受難を求める人びとの遺体をつつむリンネルを届けるために[注38]」一行に加わった）、入牢中の信者仲間を訪ねてロードアイランドから来た数名のクエーカー、その他なんらかの理由で投獄されていなかった多数の人びとが含まれていた。一行は二〇名を優に超えていたが、ただちにボストン監獄に投獄され、すでに獄中にいたクエーカーたち（その数は不明）と合流した。ビショップがマサチューセッツ当局に説明したところによると、「彼らは主のお導きと御力によって、あなた方の血なまぐさい法律の正体を見きわめ、その法律に苦しむ人びとと共にいようとして、一丸となってやって来た[注39]」。

このクエーカーの挑戦に対して、植民地総会は獄中の一団から三名を選び彼らに死刑宣告を下すことで応じた。ウィリアム・ロビンスン、マーマデューク・スティーヴンスン、そしてアン・ハッチンスンのもっとも忠実な信奉者だったメアリー・ダイアーという女性である。ビショップは、落胆しきったエンディコットが「死にかけている男のように弱々しい声で話し」、この裁判で精魂つきた様子だったことを伝えている。ビショップによるとエンディコットは次のように述べた。「我々は多くの法律を作り、お前たちをさまざまな方法で我々から切り離しておくことに務めた。鞭打ちも投獄も耳切りも死刑の条件がついた追放もお前たちを遠ざけておけない。（中略）私はお前たちの死を望んではいない[注40]」。エンディコットがじっさいにこのような泣き言めいた文句を口にしたかどうかは分からない。植民地総会の記録に述べられているのは、彼が三名の被告人に以下の判決を申し渡したことだけである。「あなたたちは当地よりその来た場所に戻り、そこから処刑地に赴き、そこで死亡するまで吊るされるものとする」。興味ぶかいことに、植民地総会は一〇〇名の民兵に「槍、マスケット銃、火薬、弾丸で完全武装し、被告人たちを処刑地まで先導し、死亡するまで吊るされるのを見届けるべし[注41]」という命令もあわせて発令した。明らかに当局者たちはその苛酷な判決が興奮したボストン市民に受け入れられるとは思えなかったのである。

ビショップによると、処刑のおり群衆の中から一つの馴染みのある顔が登場したという。ジョン・ウィルソンはいまでは物に憑かれたような老人になっていて、最近自分の会衆に「片手に火、もう片手に薪束をもって世界中のすべてのクエーカーを火あぶりにしてやる」と言ったことがあった。行列が一〇〇名の武装兵と軍鼓隊に導かれて絞首台に向かっていた時、人混みからウィルソンが飛び出し、ウィリアム・ロビンスンに近づいた。ロビンソンは「おまえさんのような人たちが帽子を被ったままお上の前にでるのかね」と冷やかし、「あんたも気をつけなさいよ。私らが死刑になるのは帽子を脱がなかったせいだからね」と言ったという。その後、ロビンスンとスティーヴンスンがボストンの聴衆に最期の言葉を語りかけようとし、その声をかき消そうと鼓手たちが太鼓を叩きつづけていた時、耳を聾するその物音を圧してウィルスンの声が「口をつぐめ、黙るんだ！　おまえたちは嘘を頬ばったまま死なせてやる」[注42]と怒鳴るのが聞こえた。騒音と混乱が最高潮に達した時、メアリー・ダイアーがとつぜん絞首台から降ろされ、処刑が延期された。ロードアイランドの政府高官が彼女の助命に奔走していたことが知られており、それが執政官たちのこの決定の重要な要素になったと思われる。もっとも、有罪を宣告された三人のクエーカーが絞首台上に並ばせられるのを見てボストンの群集が騒ぎだし、処刑を妨害した可能性も指摘されている。

メアリー・ダイアーの助命の理由がなんであったにせよ、当局者たちが少々不安を感じていたことは想像に難くない。ほとんどの町民がこの光景を見るために集まってきており、市場一体が物珍しい光景と物音で沸きかえっていた。兵士たちは弾を込めたマスケット銃を肩に歩調をとって行進している。鼓手たちは鋭いスタッカートのリズムを叩きだしている。死を悼む人びとは屍衣をかかえ禍々しい警告の言葉を群集に投げかけている。ウィルスンのような扇動者が見物人の間を回りながら、うまくやれと縛り首役人をけしかけている。そしてその中心を、殉教を待望する人びと特有の勝ち誇った表情を浮かべて囚人たち自身が歩いている。おそらくどんな目撃者にとっても、その光景があたえる効果は脳裏から消えることがなかっただろう。

むろん二人の処刑はクエーカーの活動を鎮静化させなかった。ボストンにおけるその日の興奮は湾植民地全体に長く鳴り響きつづけた。その結果、一方では地域の警吏たちが途方もない迫害に乗り出し、その後の数ヶ月間、財産没収、家宅捜査、公開鞭打ち等々の件数が大幅に増加した。他方クエーカーたちは持ち前の奇矯さを執政官たちに誇示しはじめ、その奔放さは謹厳な長老たちには信じがたいまでに達した。クエーカー・クライシスの間に示された不条理な残酷さと視野の狭さについてマサチューセッツ当局者を非難することは簡単だが、彼らが直面していた困難はまことに扱いにくいものだった。ある郡裁判所の記録からの以下の引用がそのことを例証している。

ジョン・バートンは無作法な態度で入廷してくると、あなたたちは寡婦と父なし子から強奪し彼らを破滅させている、あなたがたの牧師は霊感で金の在り処を探しあてる、彼らの礼拝は神への礼拝ではない、と言って法廷を非難し、他人の話の腰を折り、判事たちに挑みかかり、黙れと命ぜられると、そっちこそ黙れと言い返して喋りつづけたため、法廷はやむなく彼を晒し台につけた。[注43]

ロバート・ウィルスンの妻は、獣のように町中を裸で歩きまわったため、腰まで裸体となって荷車の尾部に縛りつけられ、ギドニー氏の門から自宅まで進む間、三〇回を上限として鞭打ちをうけるという判決を申し渡される（後略）[注44]。

リディア・ウォーデルは、ニューベリー教会に裸で入堂した件で大陪審の告発をうけ、厳しい鞭打ちと、ハンプトン郡法執行官に費用を支払うべきことが命ぜられた[注45]。

トマス・ハッチンスンは一〇〇年以上も後の歴史家だが、上記以外の例も知っていた。

ボストンではジョージ・ウィルスンという男が、またケンブリッジではエリザベス・ホートンという女性が、主が火と剣をもってあなた方を説得に来てくださる、と街頭を叫んでまわった。トマス・ニューハウスは二つのガラス壜をもってボストン教会に入り、会衆の前で壜を壊し「このようにあなた方を粉々に砕かれるであろう」と脅した。別の折、M・ブルースターという女性が顔を石炭のように黒く汚して入堂してきた。（中略）グリンドルトンのフォーボードという男が狂信にとり憑かれ、アブラハムにならって息子を燔祭にささげようとしたが、隣人が子どもの泣き叫ぶ声を聞きつけて家に押し入り、運よくそれを妨げた[注46]。

ロビンスンとスティーヴンスンの処刑の直後、植民地総会は処罰の手続きに関する短い声明を発表したが、これはおそらくイギリスでの配布を意図したものだった。植民地総会はクエーカーの「厚顔で無礼な強要」から自分たちを守ろうと試みたにすぎないと弁解し、以下のように結んでいる。

我々が徐々に進めていった手続きが考慮されるならば、苛酷だという騒々しい言いがかりが不当であることが納得されるであろう。我々は他に手段が無かったために正当かつ必要な自己防御のために剣を向けたのだが、彼らは猛烈な勢いで故意にその切っ先に飛び込み、かくして自殺者《フェロン・ド・ス》となったのである。（後略）[注47]

じっさいクエーカーたちは、目の前に構えられた執政官たちの槍に自分から飛び込んだようなものだった。ロビンスンとスティーヴンスンの死後の二年間に、多数の人びとが追放の判決をうけた後に植民地にもどり、絞首台に登る資格を得たからだ。植民地総会は絞首刑が植民地全体ではあまり好意的に受け止められないことを承知していたが、既定の行動方針から離れることができなかった。一六六〇年、何ヶ月もの努力の末、メアリー・ダイアーが所期の目的を果たしてボストンで縛り首になった。一六六一年、ウィリアム・レッドラという精力的な伝道者がメアリー・ダイアーの後を追って処刑された。だがこの二人の犠牲者は進んで処刑されたクエーカー教徒のほんの一部にすぎなかった。裁判を待つ者のリストが途轍もない長さに達した時、湾植民地が選択を迫られたのは明らかだった。新しい戦略を編みだすか？　それとも史上最大の血まみれの虐殺を開始するか？

レッドラの処刑の時点で、ボストン監獄には約二七名が入牢していた。また同じ規模の他の数箇所の監獄を満たせるほどのクエーカー教徒が各地方に散らばっていた。この人数超過を解消するため、植民地総会はクエーカーに対する新たな決議を可決したが、この決議は間もなく「浮浪者法」と呼ばれるようになる。この法律は、「浮浪者および放浪者のように」植民地内をさまよう住所不定の徒歩旅行者全員について以下のように規定している。

腰より上部を裸にし、荷車の尾部に縛り、町の各所で鞭打ちを行ない、それから直ちに境界線により近い隣町の警吏のもとに連行し、(中略)その後警吏から警吏へ、我が管区の最周縁部にあるすべての町を引き回すものとする。[注48]

浮浪者法の施行によって対クエーカー作戦の勢いはほぼ消えたように思われる。ビショップによると、新しい禁令を実施するにあたっていくつかの地方で猛烈な鞭打ちが警吏によって行なわれたが、どちらの陣営でも十字軍的精神は大幅に消えていった。そのうえ当局者たちはクエーカーへの猛攻撃をどのみち緩めなければならないことを間もなく知ることになった。一六六一年末、クエーカーが関与する事件では体刑および死刑の使用を禁ずるというチャールズ二世からの書状が植民地総会に届き、この布告によって執政官はただちにそれらを中止したのである。植民地総会は形ばかりの抗議を議事録に少々書きとめこの問題に関する国王の情報不足を嘆いているが、結局当時施行されていた対クエーカー法のすべてを一時停止する他なかった。[注49]

もっともマサチューセッツ湾植民地におけるクエーカー迫害が国王の親書の到来によって完全に停止したわけではなかった。とくに浮浪者法は「クエーカー」のレッテルを貼らなくても行使できたから、迫害に利用されることが多かった。だが戦いの激しさは親書到着の瞬間から着実に衰えていった。もはや敵には処刑の許可という武器がないことに気づくと、クエーカーたちは徐々に反抗計画への興味を失っていった。この事実は、逸脱行為の強引な定義づけがどれほど潜在的な違反者を呼び起こしたかを示唆している。関連法規がより開明的なものに変わったことで、どちらの陣営にも闘争全体がなぜか魅力の乏しいものに見えてきたのである。

一六五七年という早い時期に、湾植民地のある著名な市民が、クエーカー教徒はわが身を傷つける結果が五分五分以上予想される場合でなければ、悶着を起こそうとしないようだ、と日記に書きとめている。「彼らは忍耐づよく苦しみに耐え、その苦しみに一種の快感さえ感じているらしい。（ロードアイランド、プロヴィデンス、ウォーウィックのような）彼らが自由に意見を交わすことのできる地域は、彼らにとって魅力のない場所なのだ」[注50]。ロードアイランド政府も、湾植民地当局者への一六五七年の書簡の中で、基本的にこれと同じ観察を述べている。

現在我々の間にいるこれらクエーカー教徒（通称）に関しては、処罰のための法律を定めていません。（中略）さらに、我々が気づいたところによると、当植民地内で上記の人びとがもっとも自由に意見を述べることができ、それに対する反対も会話の上だけで行なわれる地区は、彼らがもっとも行きたがらない地区なのです。我々が得ている情報では、彼らはこのような地区を嫌い始めています。その理由は行政当局が彼らに敵対せず、いわゆる啓示と訓戒について彼らが語るのを忍耐づよく従順に黙認しているため、そこでは多くの人びとを自分たちの道に引き寄せることができないからです。彼らが国家権力によって迫害されるのを望んでいるのは間違いありません。迫害を受ければ彼らの忍耐づよい受苦を見せびらかすことができ、より多くの追随者を獲得できます。彼らの毒のある言葉に人びとの同意をとりつけるより、その方がずっと効果的なのです[注51]。

マサチューセッツ当局がとった方針をロードアイランドのそれとを比較すると、逸脱行動とコミュニティの境界線の間の重要な関係が見えてくる。クエーカー運動に油を注いだのは敵対者の残虐行為だった。したがってその敵対勢力が退潮すると、クエーカー運動も生き残るのが困難になった。この教訓は、ウィリアム・コディントンやロジャー・ウィリアムズたちによって寛容の精神を教えられた南方の植民地［ロードアイランド植民地は湾植民地の南方に位置していた——訳者注］でならば、習得できただろう。だが、それは湾植民地の当局者にはどうしても理解できない教訓だった。クエーカーの無法な行動を抑制するには、彼らを受け入れるのが最良の方法だったかもしれない。だが彼らを受け入れることは、「ニューイングランド方式」の基礎となる根本理念の一つを放棄することを意味した。クエーカー十字軍は湾植民地人にとってきわめて重要な証拠物件だったが、湾植民地人の選んだ戦闘方法はクエーカー十字軍の宣伝には役立っても、抑止には役立たなかった。

こうして、戦いから暴力的な激しさが失われるにつれて、両陣営は戦場から撤退していった。後代の歴史家としては、そもそもこの抗争はなにを巡って戦われたのかと、考え込まざるをえない。ある歴史家は「ピューリタンとクエーカーはたがいによく似ているので、〈同族の変り種ほど憎い敵はいない〉という古諺がすぐに思い浮かぶ[注52]」と述べているが、この点に関しては付言しておきたいことがある。ニューイングランド・ピューリタンはひじょうに多くの特色をクエーカーと共有していたが、まさにそれだからこそ、わずかしかないクエーカーとの決定的相違をピューリタンはできるかぎり大げさに喧伝しければならなかったのである。湾植民地の入植者はクエーカー運動が象徴する歴史的文化的価値体系に背を向けようとしていた。そのため彼らは「ニューイングランド方式」の新しい境界線を確定しようとして、ピューリタンとクエーカーが分岐する地点をことさら強調しなければならなかった。後代の基準では両者の相違はきわめて小さなものに見えるかもしれないが、少なくともその時点ではそれらはニューイングランドを特別な場所として他から際立たせる相違点だったのである。

Ⅲ

湾植民地におけるクエーカー・クライシスのもっとも興味ぶかい特徴の一つは、クエーカーの考え方を神学的観点から説明しようとした人が誰もいなかったように思われることだ。ジョージ・ビショップの長い物語も、残存している植民地の記録も、ピューリタンとこの招かれざる客との相違を説明しようとしていない。この点で、クエーカー論争は二〇年前の反律法主義論争とまったく異なっている。当時の文献にはクエーカーに対する激越な弾劾があふれているが、こうした言葉による攻撃の激しさにもかかわらず、当局はクエーカー十字軍の背後にある理論について知識や関心をあまりもっていなかったように思われる。じっさいクエーカーの信仰に関するマサチューセッツ人の知識は、その方向から相手の正体を見破ることはできそうにないほど貧弱だった。クエーカーを見つけ出すのにピューリタンが用いた識別法は、信条にも教義にも係わりがなかった。それは日常会話でも法廷でも同じことで、執政者の面前で帽子をかぶっている人びと、古形の二人称単数代名詞をもちいる人びと、集まって私的な宗教礼拝を行なう人びとをクエーカーと見なしたのである。たしかに当局者たちは、原則として、これらの符徴をクエーカー教徒の識別手段としてのみ用い、処罰の根拠としては用いないことになっていた。だが間もなく多くの湾植民地人が指摘しはじめたように、一〇年間のクエーカー・クライシスをつうじて、クエーカー教徒が告訴される理由は上記以外にはほとんどなかったのである。ここで二、三の例を挙げるのが有益かもしれない。それらの例は、いったんコミュニティが逸脱者のレッテルを貼りはじめると、ほんのかすかな証拠や徴しが大きな意味をもつようになることを明白に示している。

一六五六年、最初の二人のクエーカーがボストンに上陸した時、彼女たちは尋問のためただちにベリンガム副総督の前に連行された。そして彼女たちのうちの一人が「汝」という古形の二人称代名詞を口にした途端に、ベリンガムは二人の投獄を命じた。彼は警吏にむかって「これ以上必要ない。これで連中がクエーカーだと分かった[注53]」と言ったという。またこの事件からしばらく後に、一団のクエーカーが涜神罪で法廷に引きだされ、この告訴は根拠無根だと主張したことがあった。執政官たちは告発の合法的根拠を探しあぐねたようで、問答が細かい法律用語の荒野に迷いこみかけたが、そこでサイモン・ブラッドストリートがニューイングランド独特の見事な論法で「法廷は涜神よりもっと簡単なクエーカーの発見法を考え出しますよ——帽子を脱がないこと、といったね[注54]」と発言し、話を元に引き戻した。さて最後の例だが、姓名不詳のある執政官とエドワード・ウォートンというクエーカーに改宗したボストン人の間で次のようなやり取りが交わされた。

ウォートン：皆さん《フレンズ》「クエーカーは呼びかけにフレンズを用いた——訳者注」、いったい私はどういう理由で、なぜ正直に家業をやっていた我が家から引っ張ってこられて、罪人としてここに閉じ込められたのですか。

執　政　官：あんたは髪が長すぎるし、「汝の母と父を敬え」というあの戒律に背いているからだ。

ウォートン：それはまたどうして。

執　政　官：執政官の前で帽子を脱がないからだ。[注55]

これらのエピソードはすべてビショップが伝えているもので、それらの正確さはとうぜん疑えるが、ピューリタンの政府当局者に関する他の知識と照合すると、どのエピソードもありえないこととは思われない。最初に制定された対クエーカー決議に「クエーカー教徒がよくやるように執政官あるいは聖職者の職務または人物を罵倒する」人びとのことが述べられていたことを思い出してほしい。おそらくこの決議は植民地総会がこれ以外のクエーカーの識別法を知らなかったことを暗に認めているのである。さらに言えば、残存する植民地の記録には被告人の異端的信念が法廷で論じられた事例が一例もない。第一陣のクエーカーたちは官権侮辱罪、教会礼拝への欠席、その他の軽罪で有罪と判定されたのである。もっとも、いったん迫害のサイクルが回りはじめると、そこから独自のモーメントが生まれてきた。罰金の支払い拒否は多数の鞭打ちをひき起こした。追放という裁判所命令の無視はとうぜん四名の犠牲者の処刑につながった。厳密にいえば、それらの犯罪は宗教活動とはなんの関係もなかったはずである。

この意味で、ピューリタン当局はクエーカー騒動の内的動機よりその外面にはるかに大きな関心をよせていたように思われる。これはとうぜん時代を反映していた。反律法主義論争の時期には、コミュニティの指導者たちは長い時間を費やして、アン・ハッチンスンや彼女の心酔者に奇妙な行動をとらせた独特の気質について理解しようと務めた。むろん彼らは親切心や同情心からそうしたのではなかったが、どのような気分から抗議が生まれるのか、また抗議に参加する男女の内面はどうなっているのか、誠実に知ろうとした。だが、二〇年後クエーカーが登場してきた時には、その種の関心はほとんど姿を消していた。一六五〇年代の後半を通じて、マサチューセッツの執政者たちはクエーカー十字軍の精神や、その信奉者たちの信念にほんのわずかな関心しか示さず、自暴自棄の人生行路にクエーカーを駆り立てた動機を問いただすことさえしなかった。もし執政者たちにそうした関心があったならば、問題全体が違う結末を迎えていたかもしれない。たとえ湾植民地の冷厳な神政主義者であっても、クエーカーのそれのような穴だらけの行動計画を理由に人を処刑することは考えにくいからだ。

マサチューセッツがクエーカーを批判した本当の理由は、彼らがピューリタンの規律の精神に敬意を示さず、社会生活の儀礼的しきたりにも協力しなかったからである。また、そのような態度をとることで、植民地としてはぜったいに認められない個人的自由をクエーカーが要求したからである。クエーカーは植民地の形式的枠内で暮らすことに異存はなかったが、精神の問題では植民地人の思い込みを共有することはできなかった。言いかえれば、植民事業に自分たちの精力を注ぐ気持ちはもっていたが、心情のすべてを捧げるつもりにはなれなかったのである。彼らはピューリタン世界に住みながら、その一部にはなっていなかった。彼らは定期的に礼拝に出席することをせず、出席すれば求められてもいないのに自分の意見を述べて会衆たちを混乱させた。執政官に敬意を示すというニューイングランドの慣例にしたがわず、会話の中でおかしな人称代名詞をもちいて言語習慣を無視した。これらの違反はいずれも彼らに対する苛酷な処置を正当化できるほど重大なものとは思えないが、ニューイングランドの権威観を故意に無視しているように思えたため、ピューリタン・コミュニティに対する特別な脅威と感じられたのである。クエーカーはコミュニティの残りの人びとから離れて暮らそうとしたが、その行為自体がデュルケームのいわゆる「集合意識」の共有を拒絶することであり、コミュニティ成員としての基本的責任を無視することだった。「集合意識」とは、強固な思想的連帯感、集団生活のリズムに融合しようとする意欲、社会の凝集力の源である財産と運命の共有意識などである。そうした根底的なところでクエーカーが自分たちに背いているとピューリタン当局が考えるかぎり、クエーカーのほとんどすべての言動が罪と見なされるのである。その好例がまたもやビショップの本の中に出てくる。

それによると、あるクエーカーのグループが私的な集会を開いたとして逮捕されたことがあったようだ。被疑者の一人が、どうして自分をクエーカーだと考えるのか、と尋ねたところ、サイモン・ブラッドストリートが法廷を代表して「おまえさんはクエーカーの一人だ、帽子を被ったまま入廷しているからな」と言った。そこで別の被疑者が、それは人を起訴する理由としては変わっているな、と指摘したところ、本当の起訴理由は涜神だと言われ、それに対してその被疑者は以下のような良識ある提案を行なった。すなわち、執政官たちはクエーカーの集会に出席すべきだ、そうすれば「そこで言ったりしたりしていることを聞くことができるから、他の人びとに説明もできるし、自分の知らないことについて決定を下さずにすむようになるから」。ここで、デニスン少将という人物が被疑者にむかって「おまえたちが寄り集まってなにか喋ってたのなら、罰当たりなことを喋ってたに決まっとる」[注56]と言った。どうやらこの少将は一世代前のトマス・ダッドリーと同じ粗野なタイプの人物だったのであろうが、少将は少なくとも自分の気持を正直に語っていたのである。クエーカーがじっさいに霊魂に関する侮蔑的な言葉を口にしたかどうかは大した問題ではなかったからだ。コミュニティの思想的合意から身を引くという行為そのものによって、クエーカーは自分たちが涜神的な人間であることを証明していたのである。

上記のことを除くと、会衆派のクエーカーに関する知識は皆無に近かったが、会衆派は、反律法主義論争中にウィンスロップが言ったように、「そんなにも正反対の党派が同じ集団の中にいたら、かならず全体に害になる」と、かたく信じていた。この点をクエーカーに説明したのも、やはりデニスン少将だった。セイラム出身の六名のクエーカー教徒の裁判で、迫害の「ほんとうの理由」を告げてほしいとエンディコット総督は求められ、「それは、聖餐式に出席しないことで官権を軽侮したためだ」と素気なく答えた。被告人の一人が、その違反に対する法の認める罰則は最高でも罰金刑のはずだと抗議しはじめると、デニスンが割って入って、法廷はそんな細かな規則なぞ気にするもんか、と乱暴きわまる調子で言い放った。「前に言ったように、おまえたちとおれたちは到底一緒にやってゆけんのだ。そして今のところ権力はおれたちの手にある。だから強い者は払いのけなきゃならん」[注57]。正直者の少将はじっさい同じことを前にも言ったことがあって、その時の彼の言葉も記録上に残されている。「そっちとこっちじゃ、こっちのほうが強いんだ。だからあんたたちは気をつけたほうがいいぞ」[注58]。

六人の被告人がこの実力政治の教訓を聞いて学習したと考えるのは心楽しい。というのは、のちにこの六名は他のクエーカーたちとともに自分たちの事例を国王チャールズ二世に上訴しているからだ。そして迫害中止という国王の命令をマサチューセッツに持ち帰った使者は、六名中の一人サミュエル・シャトックだったのである。伝説によると、シャトックはボストンのエンディコット邸に国王の親書を直接とどけ、一徹な老総督が親書を読む間、帽子を深々と被ったままそばに立ちつくしていたという。

すでに指摘したとおり、クエーカー十字軍に参加したさまざまな人びとについて私たちはほとんどなにも知らない。大半の人びとは、無名状態からとつぜん脚光をあびる場所に登場し、迫害の興奮がしずまると、たちまち視界から消えていった。だが植民地の記録を読んでいると、その人たちのその後を窺わせる事項に時おり巡り合うことがある。たとえば一六六九年のエセックス郡裁判所記録の中に、ロバート・ウィルスン夫人に関する短い記載がある。デボラ・ウィルスンは法廷では名の知られた女性だった。さまざまなクエーカーの違法行為で何度も出廷したことがあり、一度はセイラムの街路を素裸で歩いて不朽の悪名をかちとったこともあった。

ロバート・ウィルスンの妻は、公けの聖餐式を度々欠席した廉で出廷させられたが、彼女は頭の調子がおかしいという情報が法廷に寄せられたため、釈放された。[注59]

さらに、ウィルスン夫人のもっとも精力的な同志の一人だったある男が一六七四年に騒動にまきこまれた。

ナサニエル・ハドロックは怠惰で贅沢な生活を送り、方々遊び歩き、財産を無駄遣いし、妻を大いに苦しめ、困窮に陥らせる可能性がたかい旨の訴状が当法廷に寄せられた。このため当法廷は以下を布告するものである。彼の妻に属する財産の売買および交換は、更なる命令が下されるまでの当面の間、何びともこれを行なってはならない（後略）[注60]。

さて、デボラ・ウィルスンとナサニエル・ハドロックは、おそらくマサチューセッツの治安を乱したクエーカーの典型ではなかったろうが、執政官たちが結局そう考えはじめたのは間違いない。迫害が行き着くところまで行った時、湾植民地の人びとは一部始終を振りかえり、クエーカーはみな気が狂っていたにちがいないという結論をくだして気を安んじた。半世紀後、コットン・マザーはこの事件に明快な診断をくだしたが、これは後知恵と見なすべきであろう。

たとえ政府が哀れなクエーカーに世俗的刑罰を科さなかったとしても、彼らは（現にそうであったように）短時間の内に消滅したであろうと私は心から信じている。また私は異端者を殺すことが福音書の教えに適った異端者根絶法だとは見なしていない（中略）。たしかにクエーカーたちは無益にも官権に対して耐え難い侮蔑を表明し、復讐を我が身に招きよせたが、もし彼らが受け入れさえすれば、当局は喜んで彼らを釈放していたであろう。だが彼らが狂人だったということもまた真実なのだ。言いかえれば一種の気違い、悪魔憑き、狂信者だったのである（後略）[注61]。

さらに、ウィリアム・レッドラの処刑から一〇〇年以上たって、トマス・ハッチンスンが同じような考えを述べている。

これらの人びと、および騒動の火種のような人びとについて言えば、精神病院か矯正施設の対象と見なしてもよかったかもしれない。それ以上に苛酷な処置がとられたことは嘆かわしいことである。[注62]

このように、マサチューセッツの人びとはクエーカー騒動を回顧して、この事件を興奮しすぎた執政官たちと逆上した狂信者集団との衝突と定義した。反律法主義論争の時と同様、まず当局が緊急事態を宣言したため、あらゆる種類の人びとがその場に集まり、後につづく小競り合いに加わろうとした。そして、すべてが終わった時、「ニューイングランド方式」の境界線が目に見えて変わっていたのである。もっとも、マサチューセッツ湾植民地に関するかぎり、その二つの犯罪の波の間には重要な違いがあった。湾植民地首脳部は自分たちが確立しようとしていた正統的信仰への支持を反律法主義論争によって勝ち取ることができた。したがってこの論争は首脳部の勝利に数えることができたが、クエーカー・クライシスの方は敗北に数えなければならなかった。なぜならピューリタンたちはクエーカーの侵入を阻止するため人員と物資をその前線に集中的に展開し、その結果銃後の空白に信教の自由の観念が音もなく忍びこみ、それがニューイングランドの伝統の根幹的部分になってしまったからである。やがてピューリタンはその侵入が内側からのものであることに気づいたが、すでに手遅れだった。クエーカー思想の潮流は、ピューリタンの擁護する疲弊した正統的信仰と同じくらい、ニューイングランドの経験の一部になりきっていたのである。マサチューセッツ湾植民地はほぼ一〇年間その思想的力量の大半を信教の自由という観念の否定に費やしてきた。信教の自由の否定こそ、ニューイングランド・ピューリタニズムをイギリスに根をおろしつつある新しい変種のピューリタニズムから区別する唯一の特徴だったからである。その特徴がもはや維持できなくなった時、マサチューセッツ入植者には頼れるものがほとんどなにも残っていなかった。

なぜ彼らはこうした窮地に追い込まれたのだろうか。それは結局マサチューセッツがクエーカーとの戦いに敗れたからである。第一に、植民地のクエーカーは求めていた信教の自由を少なくともある程度獲得し、ほとんど干渉されずに私的集会をつづけていた。たとえば、ある強力なクエーカーの集団《セル》が迫害のつづいた一〇年間セイラムで定期的に集会をつづけていたことを思い出してもよいだろう。一六七四年、この頑強なセイラムのグループは、最初の手入れが行なわれてからすでに二〇年近く経った時期に「クエーカー集会罪という法律違反」でふたたび逮捕されるのだが、今回彼らが対決したのはすっかり穏健になった判事団だった。ほとんど紳士的ともいえる議論が交わされた後、彼らは軽い訓戒だけで釈放された。[注63]近くの墓地に埋葬されていたジョン・エンディコットが生きていたら、身を震わせて激怒したことだろう。

第二に、クエーカーはさらに重要な変化を間接的に湾植民地にもたらした。チャールズ二世が一六六〇年に父親の王位をつぐためロンドンに戻ってきた時、イギリスの地方の表情は間違いなく一新されていた。ピューリタン統治という幕間狂言によって、各党派はきわめて活発に活動できるところまで成長し、また信教の自由という思想も隅々にまで浸透し、その結果この自由を捨てたいと思う人びとはほとんどいなくなっていた。ある意味で、信教の自由はすでにイギリスの伝統になっていた。宗教生活における多様性と非国教容認を求めるこの動きはもはや逆転しがたく、チャールズ二世もこの事実に、たとえ漠然とながらも、気づかずにいられなかった。マサチューセッツを追放された人びとが次々にイギリスに渡り、不平不満を法廷にもちこんだが、一六三〇年から一六六〇年の間はそれらの人びとを助けることのできる者は誰もいなかった。だがクエーカーがチャールズ二世に訴状を提出した時には、イギリス政府はより同情的な新しい姿勢をしめした。すでに見たように国王はマサチューセッツのクエーカー迫害に待ったをかけたばかりでなく、この問題に関する彼の苛立ちがすぐに一つの決定に具体化され、植民地政策に影を落としはじめた。

一六六二年に書かれた親書のなかで——もっともこの親書がマサチューセッツ湾植民地総会で読会にかけられたのは一六六五年になってからだったが——チャールズ二世は「良心の自由と解放」が植民地の全住民に認められるべきであるという前勅令を繰りかえし、マサチューセッツの正統的信仰に痛打を浴びせたのである。

総督および参議の選出においては、候補者の英知と美徳と高潔のみが考慮され、見解上、発言上の傾向を考慮してはならないこと、また相当の地所の自由保有者で、不都合な交際がなく、正統的な信仰をもつ者には全員、(たとえ教会組織において異なる宗派に属していても)、民事および軍事の全職務の選挙における参政権が与えられること、以上二点を再確認し、関係者全員に義務づけ、命ずるものである(後略)[注64]。

植民地総会は不承不承に——この心理は想像しただけでも理解できるが——国王の権限を認め、教会員のみに参政権を限定していた法律をすべて撤回した。[注65]

執政官も聖職者も神政政治の形態を無傷に近い状態で残すように勅令を解釈しようと四苦八苦したが、

クエーカー迫害の終焉とイギリスからの勅令の到来は旧秩序を支えてきた熱意の大半を霧消させたように思われる。共和制はまだ存在していたし、インクリース・マザーやコットン・マザーのような自称見張り役が共和制護持のために孤独な不寝番を続けていたが、ニューイングランドという大伽藍は大部分が廃屋と化してしまった。この時点から一七世紀末にかけて湾植民地人たちは次第にピューリタン体験の初期の輪郭に背を向け、新たな権威の源泉と新たな対照基準を他に求めはじめた。「ニューイングランド方式」はもはや他の人類を改革へ導く「丘の上の町」ではなくなった。イギリスのピューリタン運動は信教の自由によってすでに解体され、もはや「ニューイングランド方式」は信教の自由の諸悪を撃退するための城砦ではなくなった。ニューイングランドはそれ自体であって、それ以上でもそれ以下でもなくなったのだが、それは入植者たちには不慣れな神学的役割だった。

　おそらく神政政治的秩序から信教の自由への転換によって、人びとは自己の内部の精神的能力や自己防御法に前より余計頼らなければならなくなった。この変化がどのような効果を及ぼしたにせよ、一つの新しい傾向が入植者に表れたのが見てとれる。人びとには、「ニューイングランド方式」の境界線を確認するのに役立つランドマークの発見が必要になったが、彼らはそれを自分の内部に探そうとするようになったのである。この変化は、一方では、自立心と誠意を生み出した。つまり間もなくヤンキー的性格の品質証明書となる抜け目のない実用性が出現してきた。他方において、この変化は社会がより個人に力点をおいて新たな準拠枠を探求することを求めた。秩序を内的信頼の問題と見るようになった人間が、逸脱を内的憑依の問題と見はじめたといってもよい。

　いずれにせよ、ピューリタンが間もなく対決することになる相手は魔女だったが、それは悪魔がニューイングランドを餌食にするために送りこんだもっとも恐るべき敵だった。

セイラム村の魔女たち

セイラム自体から数マイルの距離にあるセイラム村で始まった魔女ヒステリーは、おそらくマサチューセッツ史でもっともよく知られたエピソードであり、これまでにも数多くの精緻な著作に描かれてきた。したがって、以下のページでは、ストーリーの説明は簡略に行なうことにしたい。この異常な出来事をもっと深く知りたい読者には、マリオン・L・スターキーの『少女たちの魔女狩り』の参照を薦める。この本は学術研究としての長所を失うことなく、この時代の不気味なドラマを捕らえつくしている。[注66]

一六六五年のクエーカー迫害の終焉から一六九二年のセイラム魔女ヒステリーの発生までの期間、植民地は苦難の日々を経験していた。第一に、共和制の政治的枠組が急激でしばしば暴力的な変化にさらされ、植民地人は自分たちの将来に不安を覚えるようになった。クエーカー騒動中に国王から出された勅令はピューリタン国家の実質的構造にはわずかな変化しか及ぼさなかったが、不安と驚愕の気分を呼び覚まし、それが三〇年間消えなかった。チャールズ二世は、植民地問題に対する新たな関心をマサチューセッツ当局に通告した直後四名の行政長官を湾植民地に派遣し、この遠隔の領土を監督させ、時折発する自分の命令の実施状況を確認させた。この時点からニューイングランドは最悪の事態が到来する危険を感じるようになった。当時の説教には湾植民地の未来に関する恐ろしい予言があふれている。さらに、一六七〇年代、八〇年代を通じて、ニューイングランドにふりかかる政治的難題のカタログは着実に増加し、深刻さの度合いを増していった。たとえば一六七〇年に執政官と聖職者の間で一連の激論が交わされ、これまで「ニューイングランド方式」の礎石となってきた両者の協調がおびやかされた。一六七五年、フィリップ王と呼ばれる狡猾な族長に率いられたインディアン部族連合との間に残虐な戦争が勃発し、大きな犠牲が出た。一六七六年、チャールズ二世はマサチューセッツ管区内の土地に対する現所有者以外からの所有権請求を再調査しはじめ、旧勅許状の破棄がますます濃厚になってきた。一六七九年、チャールズ二世はマサチューセッツに対して、イギリス国教会をボストンに設立することを認めよ、と明確に命令してきた。一六八四年、湾植民地人は植民地の将来について悲観的になり、いくつかの町では植民地総会に代議員を送ることすらしなかった。凶運が迫っているという予感は一六八六年ピークに達した。まず第一に、半世紀以上にわたって植民地に唯一の法的保護を与えてきた勅許状が国王のペンの一閃によって取り消され、国王の利害を代弁する勅任総督が送りこまれてきた。彼は当然イギリス国教会派であり、またニューイングランドの掲げる大目標にあからさまに敵対する人物だった。当座は彼らの神聖なる実験が終わりを告げたかのようにみえた。入植者は自分の土地に対する法的権利を失ったばかりでなく、大きな犠牲をはらって築いてきた会衆派教会の最終的崩壊を目にする危険が迫っていた。

結局入植者たちは一六八六年の破局を回避することができたが、その逃げ幅はわずかで、きわめて暫定的でもあった。一六八九年、オレンジ公ウィリアムがスチュアート家に挑戦するためイギリスに上陸したという知らせが湾植民地に伝わり、希望が植民地中を駆けめぐった。ところが、このイギリスにおける抗争の結末が湾植民地人の耳に届く前に、ボストンの暴徒が突如として抗議にたちあがり、勅任総督を投獄してしまった。マサチューセッツにとって幸運だったのは、イギリスでウィリアム軍が勝利をおさめたことで、そのためボストン蜂起は新国王を祝う早すぎる祝典と見られただけですんだ。だがこうした熱狂的反応にもかかわらず、変化はほとんど起きなかった。魔女ヒステリーが起きた時、ロンドンではマサチューセッツが工作を続行中だった。ウィリアム三世に旧勅許状の回復を納得させよう、少なくとも新しい勅許状を発布させ、植民地が過去にもっていたすべての利益を確保しようと努めていたのである。だが、植民地がかつてと同じ自治を享受できないことはすべての植民地人が感じていた。したがって、植民事業の将来に関する知らせを待っていた間、湾植民地の人びとが大きな不安を感じていたのは当然だった。

この政治的危機の時期を通じて、さらに不吉な暗雲が植民地をおびやかしていた。それは険悪な不和が植民地人自身の間に蔓延していたという事実と関係があった。高度の和合とグループ感情を基礎とする植民地においてさえ、裁判所は入り組んだ土地争いや個人的確執、複雑にもつれた係争や訴訟の中を、一歩一歩用心ぶかく歩を進めなければならなかった。そのうえ、ウィンスロップ時代の政治の特徴だった、全員一致を模索する誠実な努力が失われ、今では露骨な党派争いがそれに代わっていた。たとえばジョン・ジョスリンは一六六八年のボストン訪問時に、人びとがお互い同士「猛烈に党派的で」[注67]、宗教的目的意識ではなく嫉妬や貪欲で行動している、と観察している。当時の説教はニューイングランドの将来に影を落とすだろう道徳の退廃をもっと激しい言葉遣いで記述している。最近では、初期の入植者たちを支えていた同胞精神が霧散し、商売競争、政争、個人的悪感情といった雰囲気に変わってしまった、というのである。

このように、第一世代が細心の注意をはらって作りあげた政治組織と、第二世代が力を尽くして守ってきた精神的合意のいずれもが消滅しつつあった。つまりセイラムの魔女ヒステリーが起きた時、「ニューイングランド方式」のお馴染みのランドマークのほとんどが歴史状況の変動によってすでに霞んでしまっていたのである。それはまるで嵐のため道路標識が見えにくくなるようなもので、湾植民地の人びとは過去の達成や未来の期待をどのように査定するべきか、もはや分からなくなっていた。アラン・ハイマートの言葉を借りれば、マサチューセッツはすでに「確信をもって自己診断のできなくなった社会[注68]」になっていた。

一六七〇年、代議員議会は国内に広がりはじめた混乱と恐怖に注目し、湾植民地が直面する問題点の短い一覧表を作成した。

初期の基礎構造からの逸脱、教義・礼拝および意見・慣例における改変、教会の権利・権限・特権の侵害、君主と高位聖職者の権力を神の選民の上におく簒奪《さんだつ》、福音書的秩序の転覆、加えて教会を荒廃させ楽しきキリストの園を荒野に変えようとする危険な傾向、会衆派的生き方の原理と柱石の不可避的で全面的な荒廃。以上は変化をもたらす原因、腐敗性の壊死、感染する蔓延性疫病、主の前に置かれた腹立たしい不信の像であって、これまでにも神の怒りを招き、これからも滅びをよぶ呪いである[注69]。

この決議文の口調は当時の雰囲気を示す格好の指針である。以降の二〇年間ニューイングランドは、植民地が初期の熱意と使命感を失ったため、自分たちは怒った神に見捨てられるにちがいないという考えにますますとり憑かれていった。この決議が導入したモチーフはリフレーンのように当時の思想を貫流している。つまり、荒野から共和体制を作りだし「楽しきキリストの園」を拓いた入植者たちがふたたび荒野に戻ろうとしている、という主題が繰りかえし現れるのだ。だが、そこには重要なイメージの転換が見られる。かつて彼らが征服した荒野は密集した下生え、野獣、危険な四季、襲いかかるインディアンの荒野だったが、行く手に待ちうけている荒野はまったく違う種類の危険をはらんでいた。コットン・マザーが魔女騒動の時期のニューイングランドの状態を述べた本の中で次のように書いている。「我々が約束の土地をめざして通り抜けつつある荒野は、至るところに飛びかかる火の蛇が潜んでいる（中略）。天にいたる我々の道はライオンの穴やヒョウの山のそばを通っている。我々の行く手には信じられないほどの悪魔の大群が待ち構えているのだ」[注70]。私たちは本章末でふたたびこの荒野の主題の検討に立ち返る予定だが、さしあたって注目すべき重要なことは、当時のマサチューセッツが制度や政策に対する関心の多くを失い、不可視の霊界の中に自分たちの将来を幻視しようとし始めていたという事実である。

魔女が攻撃を決めたのは、植民地人がこうした事柄に心を奪われている間のことだった。

I

魔女ヒステリーがどのように始まったか、ほんとうのところは誰にも分からない。だが、それは地区教会の牧師であったサミュエル・パリス師の家で始まった。一六九二年の初頭、近所の数名の少女がパリス家の台所でティテュバという奴隷といっしょに午後を過ごすようになり、まもなく九歳から一二歳までのこの奇妙な少女グループは定期的に牧師館に集まるようになった。その台所のドアの向こうでいったい何が行なわれていたかは推測するほかない。我々に分かっていることは、ティテュバがバルバドス島からマサチューセッツに連れてこられた女奴隷で、魔法の腕前で近所の評判をとっていたということである。少女たちが親しくなってゆくにつれて、目につく変化が彼女たちに現れたようだ。後代のある人が伝えているところでは、彼女たちは自分たち流の黒ミサをするために森の中に入りこんだということだが、おそらくこれは事実ではあるまい。だが、彼女たちが強い緊張状態の中で暮すようになり、物静かなピューリタン娘には似つかない秘密を分かちあっていたことは明らかである。

その冬が終わるまでに、グループ中のいちばん幼い二人の少女がその遊びの快感に屈して、奇妙な変調を示しはじめた。二人は訳もなく金切り声をあげ、異様なひきつけをおこし、倒れ、時には四つん這いになり、犬の吠え声のような声をたてて跳ね回った。この奇病の噂は、洩れはじめるとすぐに、伝染病のように広まりはじめた。少女たちは恐怖と興奮で恐慌状態となり、地域の至るところで地面を這い回った。疑いぶかい二、三の町民が少女たちを鞭で叩いて慎みを教えこもうとベルトに手を伸ばしたが、他の人びとは少女たちが鞭打ちをうけている間、どうしようもない恐怖にうたれて立ち竦むことしかできなかった。

町内唯一の医師はこのはやり病を食い止めようと出来るかぎりのことをしたが、わずかばかりの治療法の知識はすぐに底をつき、この問題は医術の範囲を越えていると結論する他なくなった。悪魔がセイラム村に来ている、少女たちは魔法をかけられているのだ、と医師は人びとに告げた。この物騒な知らせを聞いて、近隣の多くの教区から牧師がやって来て、パリス牧師と話し合い、できるかぎりの忠告をあたえた。最初にやって来た人びとのうちに、ディーオダット・ローソンという思慮ぶかい牧師がいたが、到着して二、三時間も経たないうちに悪魔の仕業の恐るべき徴しに出くわした。後になって彼は村での第一日について次のように書いた。

夕暮れが迫るころ、私はパリス氏を訪れた。そこにいる間に、彼の親類のアビゲイル・ウィリアムズ（一一歳くらい）がひどい発作をおこした。彼女は初めのうち（インガソル夫人が抑えようとしたにもかかわらず）すごい勢いで室内をあちこち走りまわり、時おり飛ぶような恰好をして、精一杯高く両腕をのばし、「シュ、シュ、シュ！」と数回叫んだ（中略）。それから彼女は炉に駆けより、燃えさしを家中に投げはじめ、煙突に駆け登ろうとするように後壁に飛びついた。人びとの話では、彼女は以前の発作で火の中に飛び込もうとしたという。[注71]

このような明白な証拠を突きつけられて、牧師たちは悪魔の新たな挑戦には強力な行動で対抗しなければならない、とただちに衆議一決したが、それは悩める少女たちに自分たちを苦しめている魔女の正体を言わせなければならないということを意味していた。

騒動の初めの頃に少女たちがどんな経験をしたのか、それを推測することはむずかしい。彼女たちはどこに行っても注目をあび、大人の社会に対してある程度の権力をふるうことができた。それは、もし健全な状態で同じことができれば、少女たちを大喜びさせるような稀有な体験だった。だが、彼女たちの心の中でなにが起きていたにしても、幼い心の中に、自分たちはほんとうに魔法にかけられているのではないかという考えが徐々に生まれてきたであろう。そして、おまえたちを苦しめている者の名前を言え、と繰りかえし説得された挙句、彼女たちは村に住む三名の女性を選び出し、魔法の罪で彼女たちを告発したのである。

ニューイングランド中のゴシップ屋が集まったとしても、この三人以上に適切な候補者を指名することはできなかったであろう。当然のことながら、一番目はティテュバ本人だった。彼女はバルバドスの強烈な色彩と想像力豊かな伝説のなかで育てられ、おそらくなんらかの種類のブードゥー教に親しんでいた。二番目のセアラ・グッドは、かりに魔女がセイラム村に現れることがあったとすれば、魔女と目されそうな醜い女だった。なめし皮のような顔にパイプをくわえ、子どもたちをほったらかし、物乞いをしながら村内をうろつきまわり、不機嫌な時には隣人たちへの脅しの言葉をつぶやいているのが一度ならず洩れ聞かれた。三人目の容疑者のセアラ・オズバーンは共犯者とされた他の二人より社会的地位は高かったが、一、二年前ある男と結婚する以前からその男を数ヶ月間家に住まわせたことがあって、近所のスキャンダルになったことがあった。

告訴された三人の女性を裁判に付すかどうか決めるために、さっそく予備審問が開かれた。少女たちは教会堂の最前列に導かれ、与えられた空間を存分に生かして、誰かの個人的な空想（あるいは視えない悪魔の手先）の命ずるままに苦悶の表情をうかべて床の上を転げまわった。それは驚くべき見ものだった。奇妙な生き物が室内を飛び回り、少女たちを嘴でつついたり、垂木から嘲ったりしたから、すべての混乱と苦しみの原因が裁判にかけられている女性たちであることは誰の目にも明らかだった。セアラ・グッドとセアラ・オズバーンは証人台で、どうしてそのように生き霊を送って少女たちを苦しめるのか、と問われ、恐ろしさのあまり自分を弁護することもできなかった。だがティテュバが証人台に立った時、彼女には返答の用意ができていた。奴隷として送ってきた生涯は執政官の判事団を向うに回してやりあうにはあまりよい訓練期間だったとはいえない。いずれにしてもティテュバは、カリブ海の南風の中で育った興奮しやすい女性であり、魔術について気難しい老判事たちが学んだことのないようなことをたくさん知っていた。理由はなんであれ、ティテュバはニューイングランドの法廷記録上もっとも饒舌な告白の一つを聴衆の前で行なったのである。ティテュバは視えない世界に住んでいる生き物たちや、彼らを結びつけている悪魔の暗黒の儀式について語りつづけ、その驚くべき独演が終わるまでに、セイラム村のすべての村民は事態が想像以上に悪化していることを納得させられた。というのは、ティテュバは告白の中でセアラ・グッドとセアラ・オズバーンを連座させただけでなく、他の多くの人びとが湾植民地に対する悪魔の陰謀に加担していると公言したからだ。

こうして、この一件に即座に終止符を打つはずだった審問が、隠れていた蜂の巣をつついたような結果となった。少女たちはその他の容疑者の名前をあげ、新たな災難の原因を明らかにするように求められた。すでに少女たちは単なる不幸な犠牲者以上の存在になっていた。社会の人びとの目には、彼女たちは占い師、預言者、巫女、霊媒と映った。彼女たちだけが国内に群がっている恐るべき生き霊を見ることができ、誰がその生き霊を邪悪な使命に送り出しているか告げることができたからだ。それゆえこの新しい任務に熱中していくにつれて、少女たちは適当な容疑者を求めて社会の隅々にまで触手を伸ばすようになっていった。マーサ・コーリーは村内に住む気骨のある女性だったが、少女たちの振る舞いを信用せず笑いとばしたのが間違いだった。ドーカス・グッドはわずか五歳だったが、告訴されたセアラ・グッドの娘だった。レベッカ・ナースは信心ぶかい老女だったが、初めの頃の審問が行なわれていたころ病床についていた。メアリー・イースティーとセアラ・クロイスはレベッカ・ナースの妹で、必死になって姉を弁護しているうちに自分たちも告発された。同じようなことがジョン・プロクター、ジャイルズ・コーリー、アビゲイル・ホッブズ、ブリジッド・ビショップ、セアラ・ワイルド、スザンナ・マーティン、ドーカス・ホアー、ジョージ・バロウズ牧師にも起き、冬から春に移るころには、容疑者のリストは途方もない長さになり、セイラム監獄は審理をまつ人びとで一杯になった。獄中の生活状況についてはなにも分かっていないが、その灰色の壁の内部では緊張が瀰していたと想像して間違いないだろう。囚人たちのうちには、我が身から注意を逸らそうと必死になって、親類や友人を讒訴する者もいたし、自分の身に起きたことがよく理解できていないようなおろかな人びともいた。また静かに威厳をもって自分の運命を受け容れた人びとも少数いた（結果的には、このような人はきわめて少数だった）。セアラ・グッドがレベッカ・ナースの隣に座り、悪い臭いのする彼女のパイプに火を点ける様子や、ティテュバがジョージ・バロウズ牧師と超自然現象について話し合うさまを想像すれば、混みあった監獄内の生活について大雑把なイメージが掴めるかもしれない。

魔女ヒステリーはこの時期までにセイラム村の外にまで広がっていたが、範囲が広がるにつれて、少女たちの欲望も大きくなっていった。今では彼女たちは、行ったことのない土地の会ったこともない人びとまで告発しはじめ、その過程でいくつか馬鹿げた間違いをおかしたが[注72]、彼女たちの言葉は少しも疑問をもたれず、評判の高い人びとを投獄する令状として十分役立った。

ナサニエル・ケアリーは遠方のチャールズタウンに住んでいたが、妻が魔法の廉で告発されたと聞き、「はたして悩める少女たちに妻が見分けられるかどうか確かめるため」、妻とともにすぐにセイラムにやって来た。二人は丸一日の審問に同席し、その後彼はその時の様子を以下のように伝えている。

見たところ、悩める者たち［告発者の少女たちのこと――訳者注］は一〇歳くらいの二人の少女と一八歳くらいの他の二、三名だった（中略）。囚人たちが一人ひとり呼ばれて入廷してきたが、入ってくると、告発者からクライアウト［少女たちの金切り声の告発はクライアウトと呼ばれた――訳者注］をうけた（中略）。囚人は判事たちから七、八フィートほどのところに立たされ、告発者は判事たちと囚人との間に置かれた。囚人は判事たちの真ん前に立つように命じられ、手によって少女たちを苦しめることができないように、片腕に一人ずつ抑え役の警吏がつけられた。また囚人はいつも判事たちに目を向けているように命じられた。というのは、もし囚人が悩める人びとに目を向けると、彼女たちは発作をおこして倒れるか、この人が痛めつける！　と叫ぶかしたからだ（中略）。それから判事たちは告発者たちにむかって「お前さんたちのうちに、手すりのところへ行って囚人に触ってくれる者はおらんかな」といった。するといちばん勇敢な少女が思いきって踏みだすが、たいていは三歩と進まないうちに発作をおこしたように倒れた。判事たちは、少女たちを抱き上げて囚人に触れるところまで運んでいけ、と命じた。そして被告人が少女たちに触れたとたん、私の目にはなんの変化も見えないのに、判事たちは「彼女たちはなおった」といった（中略）。この時まで私は単なる傍聴人としてそこにいたし、妻もある時間はそこにいたのだが、悩める者たちは彼女にはまったく気づかず、ただ一、二度彼女のところに来て名前を聞いただけだった。

このお粗末な演し物を見た後、ケアリー夫妻は夕食をとりに町の宿屋にもどったが、彼らが席に着くか着かないうちに、悩める少女たちのグループが室内に飛びこんできて、ケアリー夫人の足元で「豚のように転がりはじめ」、彼女が自分たちを苦しめる張本人だと告発した。注目すべきことに、執政官たちがその時たまたま隣室に座っていて（ケアリーは後になって「待ちかまえていた」と言い切っているが）、その場で即席の審問が開かれた。

妻の主たる告発者が判事たちの前に連れてこられたが、それは二人の少女だった。妻はその日まで彼女たちのことはまるで知らなかった、と判事たちにきっぱりと言った。妻は両腕を前に伸ばして立つように命じられた。私は彼女の片腕を持たせてくれと要求したが、拒否された。それから彼女が私に、目の涙と顔の汗を拭ってほしいと求めたので、私はそれをした。すると彼女は、失神しそうだから凭れかからせてほしい、と私に求めた。ホーソン判事は、彼女にはこれらの少女たちを苦しめる力があるのだから、立っているくらいの力はあるはずだ、と答えた。私が判事たちの冷酷な処置に少し抗議すると、彼らは私に、黙れ、さもないと部屋から出すぞ、といった。一人のインディアン（中略）も妻の告発者の一人として連れてこられたが、彼は入ってくるとすぐに（ちょうど判事たちの前で）倒れ、豚のように転げまわったが、なにも言わなかった。判事たちが少女たちに「誰がこのインディアンを苦しめているのか」と尋ねると、彼女たちは「彼女よ」といったが、それは妻のことを指していた（中略）。判事たちが妻に、彼を癒すために彼に触れてみよ、と命じた（中略）が、インディアンの方が乱暴に妻をつかんだ。彼の手は撥ねつけられたが、妻の手が彼の手に触れたとたん、癒しが顕れた（中略）。そこで彼女の収監令状が認められた。[注73]

審問の実態を示すもう一つの例として、ジョン・プロクター夫人の尋問にしばらく耳を傾けてもいいだろう。この記録はサミュエル・パリス牧師自身がとったもので、カッコ内の注記はパリスのものだ。若い告発者たちのなかでもっとも精力的に告発を行なっているのはアン・パトナムとアビゲイル・ウィリアムズの二人である。

判　　事：アン・パトナム、この女がおまえを苦しめるのか。
パトナム：はい、そうです。なんども、なんども（その時被告人が彼女たちを見た。すると彼女たちは発作をおこした）。
判　　事：彼女が本を持ってくることはないかね。[注74]
パトナム：はい、なんどもあります。そして自分のメイドにその本に署名させたと言いました。
判　　事：アビゲイル・ウィリアムズ、この女がおまえを苦しめるのか。
ウィリアムズ：はい。たびたび。
判　　事：この女はおまえに本を持ってくるかね。
ウィリアムズ：はい。
判　　事：その本のことでこの女はおまえになにをさせようとするのか。
ウィリアムズ：この本に署名せよ、そうすればよくなるぞ、と。
パトナム：(プロクター夫人に）あなたのメイドが署名したと私に言わなかった？

プロクター夫人：そんなことはありませんよ、あなた。別なお裁きもあるんですよ、お嬢ちゃん（そこでアビゲイルとアンが発作をおこした。そのうち二人は「見て！　プロクターのおかみさんが梁の上にいるわよ」と叫んだ。それから二人はプロクター氏のことをクライアウトし、彼は魔法使いだと言った。するとすぐに、憑かれた人びとの全員ではなくとも多数がひどい発作をおこした）。

判　　事：アン・パトナム、おまえを苦しめているのは誰だ。

パ ト ナ ム：プロクターさんと、彼の奥さんもです（悩める人びとのうちの数人が「プロクターがポープ夫人の足を持ち上げようとしている」と叫んだ。すると彼女の両足がすぐに引き上げられた）。

判　　事：プロクターさん、これらについてあんたはどう申し開きをするかね。

プロクター：分かりません。私は無実です。

ウィリアムズ：プロクターさんがポープ夫人のところに近づいていく（するとすぐに上述のポープが発作をおこした）。

判　　事：いいか、悪魔は我々をたぶらかすものだが、あの子どもたちは、あの女性が痛めつけられるより前に、あんたのしようとしていたことを見抜いたのだ。悔い改めを行うようあんたに忠告するぞ。悪魔があんたの正体を暴露しようとしているからな。[注75]

この種の証拠こそ執政官たちが裁判のために集めていた証拠だったし、証拠が集まるのは早ければ早いほどよかった。すでに方々の監獄が容疑者で満杯になっていたのである。六月になると、新たに到着した湾植民地総督ウィリアム・フィップス卿が特別刑事巡回法廷を設置し、増加の一途をたどる未解決の魔術事件の審理にあたらせた。新しい判事団はただちに作業を開始し、その月の終わりまでに六名の女性がセイラムの絞首台で処刑され、被告人はさらに増え続けた。

だがこの判事団が仕事にとりかかった頃から、数名の思慮ぶかい植民地人の心に不安の念が過ぎりはじめた。第一に、告発の網が今まで以上に大きく広がり、地域全体に及び始めたばかりでなく、社会の階梯の上層にまで達するようになり、今では多数の有力な市民が満員の監獄に繋がれるようになっていた。ナサニエル・ケアリーはチャールズタウンの有力な市民だったし、ケアリーに匹敵する地位の男たちのなかにも、広がる司直の輪に捕らえられ恐怖とパニックに襲われている者が他にもいた（そのなかには、ほとんど伝説中の人物ともいえるジョン・オールデン船長［メイフラワー号で渡米した巡礼始祖の一人で、上陸の第一歩を印したとされるジョン・オールデンの息子――訳者注］も含まれていた）。ゆっくりと、だが着実に、かすかな疑惑が忍びこみ、法廷にはまだその影響が現れていなかったけれども、その新しい疑念の声が一六九二年のニューイングランドの激動する雰囲気の一部になっていった。

その間少女たちは驚くべき力を発揮しつづけていた。彼女たちは法廷の休廷期間にアンドーヴァーの町に招かれ、町の住人がまだ捕まっていない魔女を探り出す手助けをした。町内に知り合いは一人もいないというハンディがあったにもかかわらず、少女たちは数時間のうちに首尾よく四〇名以上の魔女を見つけ出した。四〇通の令状がその場で署名されたが、逮捕者数は四〇という数で止まった。地区の治安判事がペンを投げだして、それ以上その恐るべき茶番劇の続行を拒否したからである。とうぜん予想されるだろうが、その拒否によって治安判事自身も被疑者になった。

いっぽう判事たちも法定代理人ともいうべき少女たちに遅れをとるまいと、必死にがんばっていた。八月初めに五人がセイラムで絞首台にのぼった。一ヶ月後さらに一五名が裁判をうけ、有罪を宣告された。そのうち八名はただちに処刑されたが、残りの者は猶予された。彼らは自分の罪を認めて、共犯証言［免責や減刑と引き換えに、検察側の証人として共犯者の罪責を証明する証言を行なう制度――訳者注］を行なう可能性があると考えられたからである。すでにこれまでに一九名が処刑され、七名が有罪判決をうけ、また審理中の黙秘のため岩を積まれて圧死した者が一名いた。さらに少なくとも二名が獄中で死亡し、死者数を二二名に押しあげた。この期間中に法廷に引きだされた被疑者のうち、無罪を宣告された者は一名もいなかった。

法廷のこうした奮闘の時期が終わると、魔女ヒステリーの熱狂全体が衰えはじめた。一つには、湾植民地人があまりにも多くの人びとの死にショックをうけて、冷静な反省の気分に追いこまれたせいだった。いま一つは、悩める少女たちがアンドーヴァーでの体験から多くを学ばず、身のほどを知らない野心を示しはじめたからである。ジョン・オールデンやナサニエル・ケアリーのような人びとを告発しただけでもまずかったが、ボストン第一教会牧師とハーヴァード校長を兼務していたサミュエル・ウィラードの名前まで持ちだしたのである。この時は執政官たちも、それはおまえたちの間違いだ、ときっぱり撥ねつけたが、それから間もなく彼女たちは臆面もなく直接ボストンの総督官邸に矛先を向け、夫のカナダ遠征からの帰還を待っていたフィップス総督夫人を指弾したのである。一説によると、コットン・マザーの母親も

最終的には告発されたという。[注76]

ピューリタンの際限のない盲信もこれが限度だった。湾植民地の指導者たちは一人また一人とこの問題全体を再考するようになり、魔女審問で受理された証拠が喫緊の案件にほんとうに適用できるかどうか疑問の声をあげはじめた。有罪の宣告が少数の興奮した少女たちの証言に基づくことは明白だったから、最初の段階で少女たちの興奮を見誤ったのではないかという疑惑が植民地の責任者たちの心を悩ませはじめた。少女たちが直接悪魔にとり憑かれ、その間に魔女が介在していなかったとしたらどうなるのか。少女たちが単に正気を失っただけだったとしたらどうなるのか。要するに少女たちが嘘をついているのだとしたらどうなるのか。いずれにしても法廷で採用されている証拠基準は再考されなければならないし、それも直ちに行なう必要があった。

どのような種類の証拠を魔術事件で採用するかの決定は、控えめな言い方をしても、厄介な問題だった。特別刑事巡回法廷の最初の会合で、この異常な事態に対処するための二、三の基本原則が決められたが、それらにはピューリタンが通常準拠する裁判手続きの基準に合致しないところがあった。まず第一に、死刑の宣告をくだすには二人の目撃者が必要だとする聖書の規定を読み替え、別々の事件であっても、ともかく証人が二人いれば十分というように修正された。興味ぶかいのはその読み替えの理由で、魔法は「常習的な」犯罪だから、というのである。つまり、一六六〇年にスザンナ・マーティンが馬に魔法をかけるのを目撃したとある証人が証言し、その二〇年後に別の証人が自分の夢の中にスザンナが招かれもしないのに入りこんできたと証言したら、その両人は同一犯罪の証人と見なされることになったのである。だがさらに重要なのは、悪魔は無実の人間に身をやつすことはできないという古い観念を法廷が運用原則として採用してしまったことである。このことは実際上、もし被告人の誰かに似た生き霊が目撃されたならば、その生き霊は直接その被告人の指示をうけて行動している、と見なされる、ということを意味していた。たとえば、ジョン・プロクターの幻が邪まな表情をうかべて窓枠にうずくまっているのを悩める少女の一人が「目撃した」とすれば、その幻をそこに置いたのはプロクター自身にちがいないと見なされたのである。悪魔がある人物の似姿を借りる時は、その持ち主の許可をとる必要があると考えられていたからである。初めの頃の審問で一人の女性被告人が「あんたの幻はなぜこれらの少女たちを苦しめに来るのだ」と問われ、「知るもんですか。聖者サミュエルの姿であらわれた者は、他の誰にでも身をやつせるでしょう」[注77]と憤然として答えたことがあったが、これは根拠のない反論ではなかったのである。というのは、かつてエンドルの魔女が聖者サミュエルの似すがたをサウルの前に出現させたことがあるのを聖書の読者ならば誰でも知っていたからだ［サムエル記上二八章三―二五節――訳者注］。悪魔が無実の人間を現出できるかもしれないというこの聖書上の典拠は、法廷の手に余る難題であった。もし上記の女性被告人の主張が通るとすれば、法廷の全機構が執政官の足元に粉々に崩れ落ちてしまうであろう。なぜなら、少女たちに憑きまとう恐るべき幻が人間の生き霊ではなく、悪魔の送り込んだ悪霊にすぎないとしたら、法廷には立件すべき事件など一つもなくなるからだ。

この初期の審問では、全体として、五種類の異なる証拠が認められた。第一は検査による審判で、検査としては、魔女には不可能とされていた主の祈りの復唱か、接触による発作の癒しがもっともよく使用された。第二は隣人の魔法によって被害をこうむったという人びとの証言だった。第三はイボ、ホクロ、傷、その他の不完全な身体特徴で、それらは悪魔が自分の取り分の血液を吸いとった痕跡と見なされた。

第四は上述の生き霊証拠であり、第五は被告人自身の告白だった。

さて、裁判手続きを見直そうとしはじめた人びとにとって、最初の三種類の証拠がきわめて不確実であることは明々白々だった。主の祈りの復唱中に間違いをおかすのは誰にでもあることだし、とくに床の上に悲鳴をあげたり痙攣したりする少女があふれているなら、尚更だろう。また、隣人の中に悪意のある人がいるとか、身体にアザやホクロが一つあるという理由で人を処刑するというのは道理に合わないであろう。そのような基準で判断すれば、マサチューセッツ人の半数は絞首台行きの有資格者となるかもしれない。残るのは生き霊証拠と告白だが、後者について十分な注意が払われたとは法廷も主張しにくかったであろう。なぜなら、処刑された魔女は一人として告白しなかったのに対して、告白した多数の者は一人として処刑されなかったからである。絞首刑の回避を保証する最善の方法は無罪を証明することではなく、うまい言い回しの告白を涙ながらに披瀝することであるのは明らかだった。最後に残ったのは生き霊証拠だったが、湾植民地の法律家の意見は徐々にこの種の証拠もまた価値がないという見解に傾いていった。

この疑惑の高まりに注目したフィップス総督は一〇月に特別刑事巡回法廷判事団を解任し、数名の容疑者を監獄から解放する措置をとった。潮の流れは変わったが、まだ獄中には一五〇人が拘禁され、さらに二〇〇人内外の人びとが告発をうけていた。

最終的にフィップスは一二月に、残余の容疑者を審理するため新たに上位司法裁判所の開廷を命じ、今回は執政官たちも生き霊証拠の採用は瑣末な事例にかぎることに同意した。翌月中に五二名の審理が行なわれ、そのうち四九名は即座に無罪放免となった。残りの三名には有罪が宣告されたが、同時代のある観察者によると、「その三名のち二名は見たこともないような無分別で無知な人間だった」[注78]という。さらに、以前に有罪判決をうけていた五名に対して死刑執行令状が発せられたが、熟慮の末に下されたこれらの判決に対して、フィップス総督は被告人八名全員の刑執行延期令状に署名することで応じた。これをうけて、法廷はそれぞれの案件の聴取を終え次第容疑者を釈放してゆき、最終的にフィップスが植民地中のすべての囚人を解放し、嫌疑をうけていた全員に恩赦をあたえることでこの高くついた裁判手続きを完了したのである。

セイラム村の魔女ヒステリーは、最初の勃発から一年以内に完全に阻止された。

Ⅱ

歴史的にみれば、マサチューセッツ湾植民地が魔法の容疑で人びとを裁判にかけたという事実には特殊な点は一つもない。歴史家キトレッジが指摘したように、この騒動の一部始終は「狂信の異常な爆発や特異な悲劇ではなく、単なる一つの小事件、恐ろしいが当然でもある迷信的事件の記録中の短くて短命なエピソード[注79]」と見なすべきものだ。

言うまでもなく、魔術という想念は歴史の始まりと同じくらい古いが、神を拒絶し悪魔と契約をむすぶ邪悪な魔女という概念がヨーロッパに出現したのは一四世紀中葉になってからのことで、この概念は一六世紀がかなり進むまでイギリスには深刻な影響を与えなかったように思われる。一例をあげれば、イギリスの魔術に関するもっとも包括的な研究は、一五八八年、エリザベス時代の第一年から筆を起こしており、それ以前の事件には大雑把な注意しかはらっていない[注80]。

魔術はプロテスタント宗教改革を起したのと同じ変化の潮流にのってさまざまな形でイギリスに運ばれ

てきた。そして魔術はその後の一世紀半間欠的に発生する宗教的反目から栄養分を摂取しつづけた。社会の分裂と変化の指標としてこれ以上にふさわしい犯罪形態はおそらく歴史上見当たらないだろう。これまで魔女ヒステリーの発生は、全般的にみて、宗教的な焦点変動を経験している社会、言いかえれば境界の再編を経験しつつある社会で起きてきたからである。いずれにせよ、イギリスがエリザベス朝とスチュアート朝時代の初期に国教会の確立につとめ、その国教会を錨として他のヨーロッパを呑みこんだ激しい潮流を乗り切ろうとしていた間、魔術に対する関心がどんどん強まっていった。エリザベス自身、魔術に対する法律を明確化する立法措置を講じたし、ジェイムズ一世もイングランド王に即位する以前に悪魔学の教本を執筆し、それがその後長年にわたって基本的な準拠文献となった。

だが魔女ヒステリーが猛然と襲ってきたのはピューリタン革命の内乱中のことである。内乱の開始からオリヴァー・クロムウェルが共和国の独裁者として君臨するまでの間に、何百人おそらく何千人もの人びとが火刑や絞首刑に処せられた。この狂熱は、イングランドで収まるや否や、王政復古直後のスコットランドで再燃した。この時代のすべての重要なクライシスは頻発する魔術事件が区切りとなっていたように思われる。イギリスでは魔術による処刑は一七一二年まで続いたが、ピューリタン革命期の執拗な魔女狩りが再燃することはなかった。

こうした背景を念頭におけば、ニューイングランドが同じようなパニックの瞬間を経験したとしても驚くにはあたるまい。だが、その瞬間がようやく一七世紀末になって訪れたことは興味ぶかい。

無数の魔女が磔柱で焼かれたり絞首台で吊るされる苦難の時代をイギリスが過ごしていた間、マサチューセッツ湾植民地はこの問題全体に対してわずかな関心しか示さなかった。一六四七年にコネティカットで一人の魔女が処刑され、一年後もう一人の女性がマサチューセッツで同じ運命をたどった。[注81] 一六五一年、植民地総会はイギリスにおける魔女クライシスに注目し、湾植民地全体で「恥辱の日」を催すべしという簡潔な命令を発したが[注82]、母国を席巻していた興奮の波がそれ以上大西洋を渡ってきたようには思われない。もちろん告発がなかったわけではない。また他の時代なら善男善女を墓に送りこむような陰口がなかったわけでもなかったが、植民地の執政者たちは緊急事態が迫っているとは受けとらず、犯罪の波が寄せてくると宣言することもなかった。たとえば一六七二年にジョン・ブロードストリートという奇妙な男が「悪魔と親交がある」という容疑でエセックス郡裁判所に呼ばれたが、彼が訴因を認めたにもかかわらず、法廷は彼に対してほとんど関心をしめさず、虚言に対する罰金刑が下されただけだった。[注83] また一六七四年にクリストファー・ブラウンが同じ郡裁判所で悪魔と取引があったと証言した時にも、彼の告白は「事実と合致しない」ように思えるという理由で、執政官はあっさりと彼の証言を却下した。[注84]

このように、ニューイングランドはイギリスが最悪の状態にあった間比較的冷静を保っていたが、イギリスが初期の奮闘で疲労困憊した後になって、とつぜん恐るべき騒動を爆発させたのである。

一六九二年は多くの重要な点でマサチューセッツにおけるピューリタンの実験に終止符がうたれた年だが、それは最初の勅許状が撤回されたからでも、国王が勅任総督を選任したからでも、さらには古い政治的秩序が崩壊して瓦礫の山となったせいでもなかった。ピューリタンの実験が一六九二年に終焉したのは、むしろ、入植当初から実験を支えてきた使命感が明確な形ではもはや存在しなくなり、湾植民地人には自分たちのアイデンティティを想起させる確固たる判断基準がなくなったからなのだ。入植者たちは自分たちの歴史を振りかえって、現在とっている軌道と過去の軌道がまったく違う方向を向いていると結論せずにいられなかった。彼らはもはや偉大な冒険的事業の参加者でも、「丘の上の町」の住人でも、神自身の言葉によって歴史の進路を変える運命をさずかった特別の革命エリートでもなくなっていた。彼らは彼ら自身にすぎず、世界の片隅でひっそりと暮しているだけだった。それは、かくも高貴な期待のもとに始まった信仰復活運動にとって、控えめな結末に思われた。

第一に、すでに見てきたように湾植民地の人びとはつねに自分たちを国際的な運動に登場する俳優と見なしてきたが、世紀末までに他の世界との最重要の接点の多くを失った。イギリスのピューリタン運動はすでに多くの分派に分裂し、それぞれが徐々に新体制のより自由な風潮に吸収されていった。またヨーロッパの他の地域のプロテスタント宗教改革も、当初の目標を達成しないまま勢いの大半を失っていた。その結果、植民地人たちは自分たちの背丈や世界内での自分たちの位置を教えてくれた対照基準との接点を失った。

第二に、初期の入植者が自分たちの達成度を計るために用いた物差しが、いまでは前ほど正確な目盛りを示さなくなったように思われた。ニューイングランドを築いた人びとは、神自らが人知を超えた方針にもとづいて地上のすべての生命を直接管理していると信じており、自らもアメリカ遠征を実行することで全面的に我が身を神の手にゆだねたのだった。教義として彼らはいさぎよく敗北をうけいれる覚悟ができていたし、彼らの信仰心は失敗や艱難、時には悲劇の瞬間をも必要としていた。ところが一七世紀末までに、ピューリタン農園主たちは、周囲に無数の達成を数え上げることができるようになっていた。そこにあるのは、気まぐれな神慮の記録ではなく、人間の成し遂げた事業の記録だった。ダニエル・ブーアスティンが示唆しているように、入植者たちはこの達成とともに「神秘感」から「成就感」[注85]へ、運命への無力な帰依から自己の能力への確信へと移行したのである。この移行によって、抜け目がなく実際的で独立独歩のヤンキーがアメリカ史の代表的人物像として登場する道が拓かれたが、その一方、第三世代の入植者たちにとって、神の選良というこれまで保持していた地位が不明確になったのである。

第三に、マサチューセッツは吹きすさぶ荒野の中の孤立した文明の飛び地として創設された。これまで見てきたとおり、この観念は下生えが刈り払われ野獣が殺されたずっと後まで、ピューリタンの心象の重要なテーマの一つであり続けた。入植者の周囲からフロンティアが消えていったが、それは単に開拓がバークシャー山地をこえて現在のニューヨーク州北部にまで広がったことを意味するだけでなく、四方からコミュニティを囲繞《いにょう》しコミュニティを団結させていた荒野が消滅しつつあることも意味していた。初期の入植者は「獰猛な獣とさらに獰猛な人間」が横行する荒野にやってきた。六〇年後、直近のフロンティアから何マイルも離れた繁華な海港ボストンに坐りながら、コットン・マザーやその他の旧体制の生き残りたちは自分たちが今もなお荒野に住んでいると信じていた。彼らはその広大な土地を開拓民に劣らず隅々まで探検しつくしたが、じつはその荒野の性格は最初の入植者が目にした荒野とは似ても似つかないものになっていた。鬱蒼と茂っていた森が、架空の獣が棲むジャングルにかわり、空には飛びまわる幽鬼がみちていた。ピューリタン・コミュニティは四方の荒野を油断なく監視しつづけたが、ある意味でそれは彼らのコミュニティの位置を示すのに役立っていた。入植者たちは、その荒野の痕跡が視界から退いていくにつれて、森の幻影をコミュニティ自体の中に見出すことで新しい荒野を捏造したのである。[注86]

荒野がこの新しい性格をおびてゆくにつれて、悪魔もお馴染みの扮装を諦めるようになった。悪魔が下生えに潜まなくなったのは、ほとんどの下生えが刈りとられたからだった。悪魔が敵性インディアンの姿をとらなくなったのは、ほとんどのインディアンがさしあたり内陸部に退いたからだった。悪魔が異端者の大群を送って湾植民地を悩ませなくなったのは、大半の異端者が信教の自由に守られてイギリスで静かに暮していたからだった。悪魔が反宗教改革運動の陣中に姿を現さなくなったのは、昔の戦場が今でははるか後方で静まりかえり、人びとの想像を掻きたてなくなったからだ。だが、悪魔の存在は至るところで感じられていた。それゆえ植民地人が悪魔の新たな隠れ家を捜しはじめた時、悪魔がピューリタン植民地の中心に蹲っているのに気づくことになったのである。湾植民地人は悪霊を文字どおり目撃しはじめ、間もなく「ニューイングランド方式」の境界線は悪鬼や夢魔、生き霊や悪霊の充満する空間を取り込むことになった。入植者たちは見慣れない不可視の世界のランドマークの間に自分たちの新しいアイデンティティを探し求めた。コットン・マザーは悪魔の衣裳箪笥にある変装道具を残らず知っていて、ニューイングランドを破壊しようとする悪魔の企みの恐るべき一覧表を以下のように述べている。

我らのニューイングランドほど悪魔の怒りにつき纏われた哀れな植民地はなかったと私は信じている。（中略）悪魔が長年なんの制約も受けずに支配してきた世界の片隅に、英国プロテスタント・ピューリタン会社が福音教会を設立しにやって来た。これは悪魔にとって飛び上がるような驚愕だった。主キリストが人びとに知られ、この吹きすさぶ荒野をご自分のものとし、道を説かれることは悪魔には煩わしい目障りだった。だからこそ悪魔は神の植民地を切り崩し、我々を我々の国から追い出すために全力を尽くしたのだ。

最初、インディアンのまじない師が持てるかぎりの妖術で最初期の植民者を悩ませたが、神はまじない師たちに「彼らに手を出すな」と命じられた。次に、惑わしの悪霊がこのブドウの園に根を下ろそうとやって来たが、神が根こそぎにされたので、我らの土地の外れまででしか近づけなかった。その後、我らの主要な穀物に胴枯れ病がくり返しおこり、我々の常食が年毎に大幅に減少した。これらに加え、消耗性の病気とくに死にいたる熱病がわれらの窓辺に死の矢を射ちこんだ。次に、同じ言葉を話す大勢の敵が来て、領土開拓の刺激となった契約に関してイギリス人としての特権を我々から奪おうとし続けた。これでも不足というように、我々がその間に入りこんだ褐色人種どもが我らの土地に何百人もの住民の血を注いだ(中略)。さらにその上、今やついに悪魔は(そう言ってよければ)直々に乗りだしてきて、憤怒をこめて我々に襲いかかっている。その怒りは激烈だが、すぐにもっと激しくなるはずで、まさにこの世の驚異である。注87

しかもこの悪魔の最後の冒険には独自の特色がある。

それゆえ悪魔は、いま我々にもう一つ別の企《たくら》みをしかけている。今まで以上に困難で、意外で、見たことがないほど不可解で、入り組んだ企みだ。(中略)悪魔の軍勢がイギリス植民地の中心、言うなればその第一子というべき場所に侵入し、そのため善良な人びとの家が子どもたちや召使たちの悲鳴に満ちている。彼らは視えない手による超自然の拷問で痛めつけられている。注88

魔女ヒステリーは湾植民地史のほんの一瞬を占めたにすぎなかった。このヒステリー劇に最初に参加した役者は、興奮した少女たちのグループとコミュニティの周辺をさまよっていた評判のよくない少数の人物たちだった。だが湾植民地の他の人びとも悪魔との戦いを見るために全速力で集まり、その戦いで積極的な役割をひきうけた。人びとが殺到してきたその速度は、この激しい渦に巻き込まれた人びとの性質とともに、関連する諸問題の引力の強烈さを物語っている。マサチューセッツの入植者たちは、少なくとも数年間、旧来の運命が失われたことに当惑しつつ新たな運命も自覚できずに世界の中で孤立していた。そしてその運命的な期間に、彼らは視えない荒野の奥から語りかけてくる囁きのコーラスに耳を傾けながら自己のイメージをつかもうと努力していたのである。

第四章　ピューリタンの犯罪率の安定と不安定

前章は本書の半分に当る長さとなったが、第一章で触れた三つの主要点の一つを扱ったにすぎない。この点混乱がないように、本研究の最初の計画をふり返っておこう。第一章は逸脱行動という主題についてかなりの長文をさき、続いて三つの「インプリケーション（含意）」を外観し、それらが本書の後半の重要なフレームワークとなることを確認した。第三章ではコミュニティの境界と種々の逸脱がおりなす関係を論じた。けれど、この章では、趣向を変えて異なるトピックを取りあげ、資料も別のものを扱うことにする。次のページからは序言で示した第二のテーマ――一つのコミュニティに見いだされる逸脱の量は時をこえて一定である――に向かう。

第一章では（読者は先に進む前に復習してほしい）、社会集団は比較的安定した逸脱の「割当て（クオータ）」を保っていることを見てきた。それは、ひとつには逸脱行為がつねに一定量になるよう社会統制機関を調整しているからであり、また逸脱行動の定義は集団の経験の範囲内にある断片《セグメント》を包摂するように表現されるからである（三三〜三六頁参照）。そこで、この章の目的は、このように推論の度合いの高い仮説が、マサチューセッツ湾岸のピューリタンの犯罪率を理解する上でどんな役に立つかを見てみることにある。ここではっきり述べると、私たちは研究全体を通じて「仮説」という用語をふつうの意味で使う――つまり、ある事実を首尾よく説明し、他の調査の指針となるべく採用される仮の推定である。私たちはその推定を「検証」するのではなく、実際の人間の経験に照らして意味があるかを知ろうと思うのだ。

これまでの章で私たちは歴史家が過去の再構築に用いるのと同じ種類の資料を取り上げたが、この章では別の一連のデータを扱うことにする。エセックス郡裁判所の記録を検討し、そこにリストされた項目を数え、この地方の犯罪率を算定してみよう。

最初の章で、歴史家の「特殊性」への関心と社会学者の「普遍性」への関心の違いについて述べたが、ここでそれを適用する。一つの社会がある時代から別の時代へとどのように発展し変化するかを知ろうとするとき、研究者は当然、歴史を「つくる」画期的なできごとに注目する――決定的な戦闘、国民感情の重要な変化、新思想と新技術の出現などである。しかし、研究者の関心が社会の基礎的な構造に向かうとき、人びとの日常の習慣や振る舞いなど、ふつうの生活にデータを探さなければならない。このような歴史的次元の転換点は、あたりまえの出来事がどのように繰り返されるかを観察することによってしか知ることができない。次の数ページでは、数百人の無名の入植者がエセックス郡の法廷に現れ、植民地の記録に統計となって残っているのを検討する。これらの人びとは一人ひとりは明らかではないが、全体として植民地ニューイングランドの逸脱行動について私たちに語ってくれる――おそらく、逸脱行動の普遍的な性質についても。

エセックス郡裁判所は一六三六年、マサチューセッツ湾岸に設立された四つの下級裁判所の一つとして、多忙な参議裁判所で扱いきれない事件を処理するために始まった。これらの下級裁判所は死刑や追放刑や肢体切断刑に相当する犯罪を扱うことをはっきりと禁じられていたが、犯罪事案の司法権の管轄はかなり曖昧だった。新しい司法手続きが最初に施行された一年間は高等・下級それぞれの法廷が同種の審理を行なうことも珍しくなかった。一六四三年、植民地が四つの郡に分割されてそれぞれが地方裁判所をもつようになると、事情はある程度明確になった。郡レベルで起こった犯罪事件はそれぞれの郡が担当するのがふつうになったのだ。けれど、一六四四年になってもまだ、窃盗や酩酊など、郡裁判所が扱うべき軽微な犯罪を参議裁判所が処理していた。しかしそうした件数はかなり減ってきた。[注1] 一六四九年、高等法廷は郡裁判所がほんらい裁判権をもつ事案を審理してはならないとはっきり明文化され、この時から参議裁判所は重要犯罪に限定してかかわり、また郡裁判所から上訴された犯罪ケースだけを扱うことになった。

一六五〇年代初めから一六八二年（最後の記録が残っている年）まで、エセックス郡裁判所はマサチューセッツ東北部の逸脱行動を扱う主な機関だった。私たちは、本研究の分析のために、この記録が郡で起こったすべての逸脱行為を完全にカバーしているとみなすことにする。このような仮定は文字通り真実とはいえない。とはいえ、私たちは以降において、一七世紀のエセックス郡ではそうみなすのが妥当な理由をいくつか見ることになろう。

一つの法廷記録は結果的にその地方の逸脱行動の全事例を含むと論じるさい、二つのことが想定されている。一つは、その法廷が実際に逸脱に「対処する」その地方唯一の所轄機関であること、もう一つは、その地方で逸脱者とみなされた人間はほとんど全員その法廷に出頭させられていること、である。現代ではこうした想定がほとんど通用しないことは明白だ。裁判所はもはや逸脱行動に対処するためにある複数の機関の一つにすぎず、また、厖大な数の逸脱が公的記録に登録されることなく非公式レベルの統制で処理されるからだ。これら二つの条件が保たれた歴史的事例は、マサチューセッツ植民地の厳格な正統性とそれが強調する厳しいコミュニティ規律とがあってこそ存在するのである。さて、はじめの想定は、エセックス郡裁判所が逸脱的な行動に広く裁判権を行使していたために、その記録は郡居住者の逸脱行為をすべて包摂しているというものだ。参議裁判所はたしかに死罪相当のすべての犯罪と他の一定数の重罪に最初の裁判権を有していた。さらに一七世紀の間、若干の小法廷が重罪度の低いケースを審理するために創設されたが、これらの法廷でなされた判決の数は少ないと考えてよい。

この研究が扱う時期の参議裁判所の記録は完全ではないが、残存する断片的記録はエセックス郡の参議裁判所に出頭した居住者の数について有益なヒントを提供している。まず、残っている記録にリストされている犯罪は一六四二年から一六七三年までの全期間で二九件にすぎない。[注2]もちろん、この数字にたいした意味はないだろう。この数値がもともとの犯罪数のどれだけに相当するかわからないからだ。だが、たとえ実際の数がその四倍だったとしても、植民地人口の二五%を占めるエセックス郡では一年に一件にすぎなかっただろう。ところが、一六七三年から一六九二年の参議裁判所の記録は完全であり、その数字を通じてもっと詳しく事態を再検討できる。その二〇年間に九七件の刑事事件があった。[注3]その間植民地にかなりの人口増加があったことを考えれば、それ以前の三〇年間にはおよそ一〇〇件ほどの刑事事件があったと推定してよいだろう。そのうちの二五件ほどがエセックス郡のものだろう。もう一度言うが、一年におよそ一件である。そのうえ、これらの件数は全部ではないとしても多くがもともと郡裁判所から上訴されたものである。そこで私たちは、エセックス郡からの逸脱者はその地方の記録に痕跡を残さず参議裁判所に上がることはほとんどないと思っていいだろう。

郡レベルより下で行なわれる法廷はあまり問題はない。というのは、それらはほんらい軽微な訴えに応えたり、その地方に立ち寄る外来者の通行を促進するために設けられていたからである。郡長・外来者法廷がなんらかの法律違反容疑で審判を行なう時、ふつうその事実は郡裁判所の議事録に記載されるため、この研究の数字に上ることになる。

裁判所の第三のカテゴリーにも言及しておこう。植民地の教会は、そこに所属する者が行なった過失はどんなものでも裁判にかける権限を有している。だが、こうした教会の裁判があることは私たちの想定を無効にするものではない。まず第一に、教会の裁判は民間の裁判と二重に行なわれたのである。そのため、教会の審理を受けるのは通常の場合、民間の裁判にかけられた後になる。私たちはこれをアン・ハッチンスンの事例ですでに見た。第二に、こうした教会の裁判についての具体的な情報は入手可能だが、それによると、教会裁判は一七世紀にはめったに行なわれていない。全植民地の教会の全記録を研究したエミール・オーバホルザーによれば、一六三〇年から一六八九年までの全期間でエセックスの教会裁判にかけられた犯罪はたった二九件だった。[注4]

エセックス郡裁判所は一六四一年から一六八二年の間に二二二八件の犯罪で一三六九人を訴追している。この郡で起訴された者の中ですでに他の地方で逸脱者のレッテルを貼られた人数については考察外として、結局のところ、地方法廷の記録は公けに注目された逸脱行動の完全な記録簿であると結論づけられよう。

私たちがなすべき第二の想定では、ふつうなら犯罪とはみなされないものを含めて、郡裁判所はあらゆる種類の逸脱行動の中心的な広報機関であり、コミュニティは一般に逸脱をインフォーマルに処理するよりも公けの注目を集めるように振る舞う。最終章でみることになるが、マサチューセッツ湾岸のピューリタンたちは逸脱行動を単線的なロジックで見ており、さまざまな過ちには多くの微妙な陰影があるなどとは考えようとはしなかった。たとえば、ある日、法廷に持ちこまれたのは「ただの酔っ払い」の場合もあるし、ふしだらな生活をしている者の場合もあるだろう。ある者はひどい身嗜みで髪を伸び放題にしていたり、またある者は自慢たらたらだったり、親のいうことを聞かずにみだらなゲームに没頭していたりする。マサチューセッツ湾岸のピューリタンたちは後の世代が考える、集団の習慣を犯した者と法律を破った者の区別など見ようとはしなかった。神のことばはすべてを支配しており、国家に設置されたあらゆる機構によって守らなければならない。そのために、法廷は神の目から見て過ちとなるすべての行動に責任があった。たとえば、――

戸主であれ他の者であれ、なんびとも法廷が下すであろう罰の痛みを考え怠惰や無駄に時を過ごしてはならない。このためにはどんな場所でも警官は特に注意し、この種の違反者、特に下品な貿易業者、利益をあげられない鳥猟師やタバコ摘みの情報を入手できるよう務めなければならない。[注5]

フランシス・アセルトンはヘンリー・ハギットの豚に呪いをかけて「天然痘にかかれ、こんちくしょうめ」と罵った廉で罰金を払った。[注6]

単身生活には通常同伴者がいるべきだというこの地方の法律に反して、ジョン・ヘイヴァリルは家に一人で寝泊まりし、独居に付き物の非行に耽っているという情報が法廷に寄せられた。（中略）彼は六週間以内に町に移ってしかるべき家庭に住み込み、規則正しい家族の支配を受けなければならない。（中略）これを拒むなら、彼はハムプトンの懲治監収容の令状を渡される。[注7]

ジョゼフ・スウェットの妻は絹の頭巾を被った廉で一〇シリングの罰金を科せられた。[注8]

等々である。

法廷の司法権が多岐の逸脱現象にわたったばかりでなく、コミュニティ一般もそうした逸脱現象を法廷に通知することに積極的だった。今日では、身内や隣近所で逸脱者とみなされる人間が公的な記録に載ることはないが、それはより非公式なレベルで「善処している」からである。だが、マサチューセッツ湾植民地ではそうでなかった。ピューリタンの規律は主にコミュニティの監視の問題であり、市民はみな統制機関のどんな地位にあるかに関係なく、自分の家の安全と同様の注意をもって公けの安全を守るように期待されていた。このことは市民がコミュニティのモラルを守るという目的さえ明確ならば、隣人を監視あるいはスパイしてそのビジネスを調べたりプライバシーを侵害する権限をもっていたということである。ナサニエル・ホーソンは、マサチューセッツ湾岸を、市民が道徳的な大掃除をする厳しい義務をもち、「不正が白日の下に晒される」場所として描写している［『緋文字』第一章「市場」――訳者注］。この市民の義務は律儀に行なわれたので、執政官が驚愕としたほどであった。

ある……敬虔な牧師は自分の宣誓にもとづいて、公共の利益のために、自分の息子が独り言でしゃべった扇動的なスピーチを執政官たちに暴露した。だが、法廷は問題の当事者を召喚するのは適切でないと考えた。父親を自分の息子の公けの告発者にさせるのを忌避して、他の問題もしくは他の目撃証人を見つける方が望ましい、とみなしたのである。[注9]

このように、全体として、植民地のほとんどの人の感情が社会統制装置に貢献しており、逸脱者が公けの注意をひかずに地域のネットワークをすり抜けることは、今日では考えられないほどありえなかった。町は小さく、こじんまりとしていた。教会員はいつも見張っていて、だれもが隣人の歩調に合わせていた。このように堅固な規律の雰囲気であるから、人びとが罪やスキャンダルを嗅ぎつけたらすぐ干渉するほど互いの密か事に敏感だったのは驚くにあたらない。植民地の社会生活の研究者は次のように書いている――

コミュニティの人びとは互いの美点も欠点も癖も知っている。コリンズ夫人が整理箪笥にガウンをいくつ、キッチンに皿を何枚もっているか、羽毛のベッドをいくつ父親から相続したか、町の女のだれもが知っていた。雌牛が乳の桶を蹴り倒すと夫人は癇癪を起こすという噂が広まると、町の女たちは首を横に振るのだった。[注10]

つけ加えるまでもないが、コリンズ夫人の不品行の重大なものは法廷に持ちこまれて彼女を震えさせた。隣人たちはそうするのが夫人への義務であり、また神への義務であると考え、彼女の逸脱行為を公けの記録に載せたのである。

一六三六年から一六八二年のエセックス郡裁判所の記録は七巻本として刊行されている。この種の歴史的資料が完全である保証はないが、一般にそう考えられている。[注11]

次の分析は、一六五一年初めから一六八〇年まで法廷に持ちこまれた犯罪行為のすべてを慎重に数えた資料にもとづく（一六五一年を選んだのは、この年までに地方法廷が独自の裁判権を確立させたからだ）。有罪判決はすべて次のいずれかのグループに記録されている——

① 教会に対する犯罪（信徒集会の妨害、教会への不参加、牧師への侮辱など）。
② 権威に対する侮辱（政府批判、法廷侮辱、公職者への罵倒）。
③ 私通（結婚後間もなく第一子を出産した夫婦の場合も含まれる）。
④ 安寧秩序妨害（大酒、風紀紊乱など）。
⑤ 財産犯罪（多くは窃盗行為）。
⑥ 人身犯罪（暴行、誹謗中傷、名誉毀損）。
⑦ その他。

以上のうち、最後のグループは未知の犯罪の有罪判決（ピューリタン法廷ではしばしば見過される項目）と、発生頻度が低すぎて別項目がたてられない犯罪の有罪判決の両方を含んでいる。

この研究の目的はかなり長期間にわたる大きな変動を観察することにある。データは五年ごと六つの期

表1

	1651-1655	1656-1660	1661-1665	1666-1670	1671-1675	1676-1680
有罪判決数	190	275	394	393	391	311
人口数	4500	5200	6100	7300	8900	7500
パーセンテージ	4.22	5.29	6.46	5.38	4.38	4.15

間にグループ化され、一六五一年～一六五五年間と一六五六年～一六六〇年間の犯罪数というように順次比較していく。この手続きはむろんさまざまな犯罪率の変化を看過しがちだが、大きな変動は見やすくなる。

ここに掲げるデータがラフな近似値であることはご承知の通りである。ここで重要なのは、①データそれ自体が三〇〇年前の記録にありがちな誤りと、②こうした一七世紀のスクラップ情報を二〇世紀の数表に変換するさい生じるさらなる誤りを勘案しなければならないことだ。以上の理由から、次の分析は、ぼろぼろ状態のデータそのものとは別の発見事実にのみもとづいてなされている。

次の図表の数値は、発生率をパーセンテージで表したものである。これらの五年間の率はふつうの数字とはちがって、現代の犯罪発生率の数値とは直接比較できないことを念頭においてほしい。

表1は一六五一年から一六八〇年のエセックス郡裁判所に記録された有罪判決の数である。すぐに明らかなのは、有罪判決の数が三〇年間の半ばにかなり増加し、最初と最後に退潮期を迎えていることである。これは、この章の関心事である安定性の仮説を支持しない。だが、この「有罪判決率」を、ここで「法律違反者率」と呼ぶもう一つの数値（表2）と比較すると、私たちは仮説を

表2

	1651-1655	1656-1660	1661-1665	1666-1670	1671-1675	1676-1680
法律違反者数	161	182	222	257	324	269
人口数	4500	5200	6100	7300	8900	7500
パーセンテージ	3.60	3.50	3.64	3.52	3.64	3.58

図1

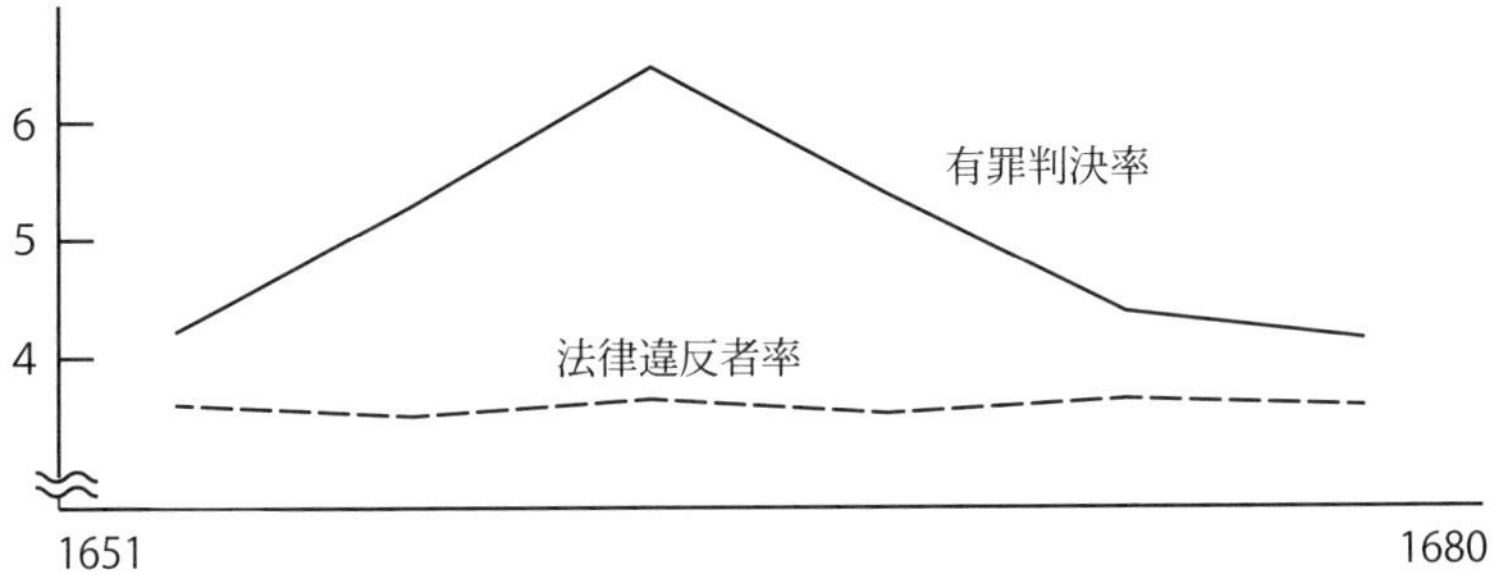

支持するより大きな証拠に出あうことになる。この表に示された「法律違反者率」は、各五年間に行なわれた逸脱行動に実際にかかわった者の数をすべて加算したもので、特定の名前の人間に対する有罪判決の数は度外視している。つまり、一六五三年に一度、一六五七年にもう一度と、生涯に二つの法律違反で有罪となった者は、最初の二つの期間の両方の「法律違反者」とみなされる。その一方で、一六五二年から一六五五年の間に一二回の犯罪を行なった者はその期間で一度としかカウントされない。

「有罪判決率」と「法律違反者率」をグラフ（図1参照）にプロットしてみると、両者の相違は驚くほどだ。有罪判決数は全期間の半ばでピラミッド状に急上昇し最後の方でかなり激減するが、なんらかの逸脱行動にかかわった者の数はかなり一定している。この調査結果にコメントする前に、もう一つの表［次頁の表3――訳者注］に目を向け

表3

	1651-1655	1656-1660	1661-1665	1666-1670	1671-1675	1676-1680
教会に対する犯罪	0.36	1.85	3.15	1.86	0.67	0.32
権威への侮辱罪	0.80	0.92	0.89	1.19	1.25	0.76
私通	0.78	0.62	0.44	0.51	0.85	1.02
安寧秩序の妨害	0.13	0.25	0.30	0.44	0.28	0.27
人身・財産	0.87	0.77	1.02	0.89	0.75	0.92
その他	1.29	0.88	0.67	0.49	0.58	0.84
	4.23●	5.29	6.47●	5.38	4.38	4.13●

●丸めの誤差

て、法律違反のカテゴリーごとの有罪判決率を見てみよう（財産犯罪と人身犯罪は少数なので合算している。表3の数値は人口比百分率の各カテゴリーの法律違反の数を表している）。

このデータには特別にコメントすべき興味深いポイントが二つある。

三〇年間を通じて「その他」のカテゴリーに入る法律違反の割合が大きく、こうした昔の記録から正確な情報を引きだすことの困難を示している。興味深いことに、郡裁判所の記録漏れはきわめて偏っている。その期間中に法廷書記官が違反名を書き漏した事例は数百にのぼるが、被告人の氏名を書かなかった事例は一例のみ、判決文が書かれていない事例は皆無である。これが何を意味するのかは推測しがたい。たぶんピューリタンたちは、コミュニティに対する罪悪という厳然たる現実への関心以外、法律違反の公けの定義にはまるで関心を抱かなかったのだ。おそらく法廷で読まれた告訴状も漠然としていたので、書記官もどう書いていいか分からなかったのだ（たとえば、この問題はアン・ハッチンスンの裁判で生じたことを考えればいい）。だが、いずれにせよ、こうした記録漏れの性質は推測の域を出

表4

	1651-1655	1656-1660	1661-1665	1666-1670	1671-1675	1676-1680
教会に対する犯罪	0	86	171	101	4	2
権威への侮辱罪	2	1	3	0	0	0
安寧秩序の妨害	0	1	8	2	0	0
窃盗	0	0	1	0	0	0
その他	0	1	0	0	0	0

ないのだから、法律違反率の小さな変化に私たちは特に注意しないことにする。これに対して、教会に対する罪と私通の罪が、たがいに逆方向に推移しているのは興味深い。

しかしながら、表3の数値はデータが正確さに欠けるとはいえ重要である。この三〇年間の半ばに教会に対する犯罪が著しく増加している。この膨張は最初の方で論じた三つの犯罪の波の一つによって生じたものだ。これはクエーカー教徒がエセックス郡でもっとも活発だった期間である。前章で私たちは、クエーカーが植民地全体に騒々しく立ち回り、この問題に対処しようとした執政官たちの怒りから何事かを学んだことを見てきた。この章では、このグループの人びとが法廷に残したフラットな統計を扱うことにする。

クエーカー教の信奉者とおぼしい五一人がエセックス郡の法廷記録に載っており、この少数の男女だけでこの三〇年間に三八三件の有罪判決を受けている。その法律違反は表4の通りである。

表4の数字は、この三〇年間の半ばの有罪判決の急激な増加がクエーカーの登場のせいであることを明らかにしている。事実、

表5

	1651-1655	1656-1660	1661-1665	1666-1670	1671-1675	1676-1680
有罪判決率	4.22	5.29	6.46	5.38	4.38	4.15
クエーカー有罪判決を除く有罪判決率	4.18	3.58	3.46	3.97	4.35	4.12

図2

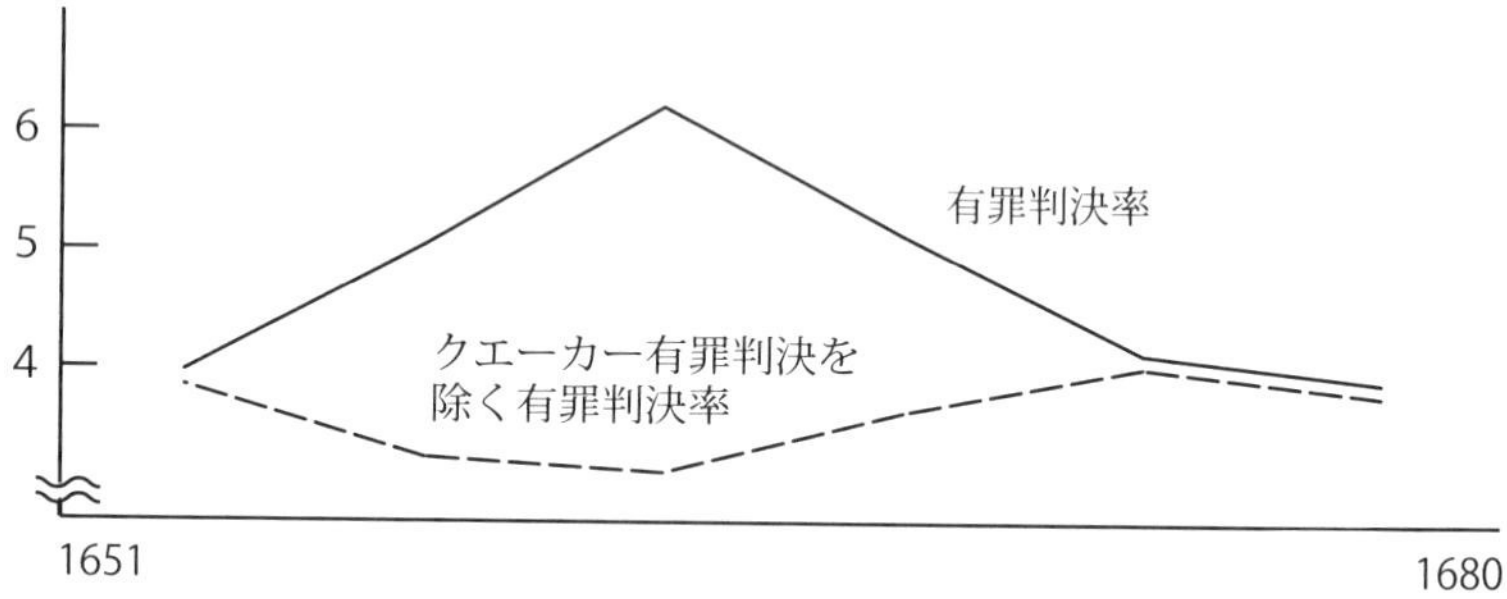

クエーカーの法律違反を除くならば、有罪判決率全体はこの変動期に減少さえしているのである（表5）。

これらの数字はグラフ上にプロットすると、さらに明瞭になる（図2参照）。

同様の比較を他の法律違反者率で行なおうとすると、奇妙な事実に出あう。これまで見てきたように、各五年間になんらかの逸脱活動にかかわった者の数はどの期間もほとんど変わらない。これは一六五〇年代後半に法廷に出頭したクエーカー五一人が逸脱人口の規模に目だった影響なしに吸収されたことを意味する。まるで彼らに場所をゆずるため、他の潜在的違反者が一時的に姿を消したとでもいうように（図3参照）。

この興味深い調査結果には二つの説明が可能だ。第一は、エセックス郡の法廷に押し寄せた五一人のクエーカーがとかく逸脱性向の持ち主で、新しい異端的行動が注目されないなら他の不品行を仕

表6

	1651-1655	1656-1660	1661-1665	1666-1670	1671-1675	1676-1680
有罪判決率	3.60	3.50	3.64	3.52	3.64	3.58
クエーカー有罪判決を除く有罪判決率	3.56	2.63	2.89	3.14	3.61	3.56

図3

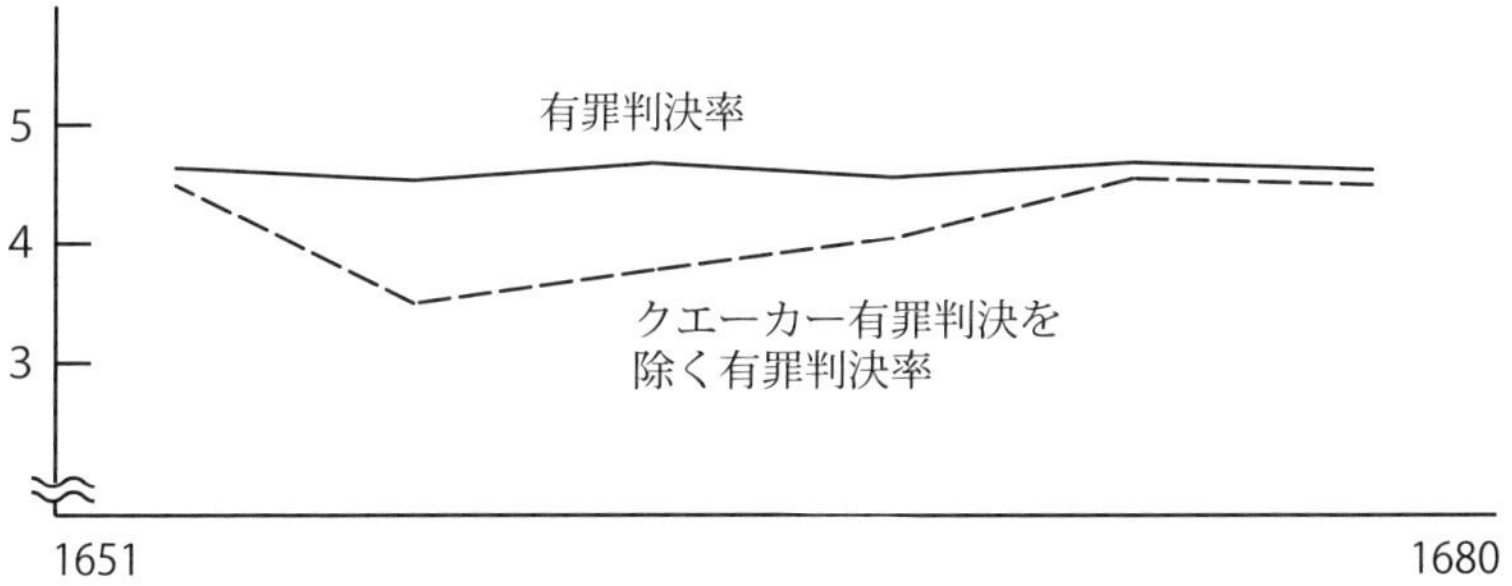

出かそうという者たちの場合である。私たちは結局この人びとについて何も知らず、彼らがそうした特別な逸脱表現を選んだのは、それが魅力的で流行っていたからか、あるいは手っとり早く実行可能だったからかもしれない。けれど、これらの五一人は、その権威への挑戦心にもかかわらず、クエーカー危機の前後に違法行為をほとんどしていないのだ。一六四八年、彼らの一人が有罪判決を受けているが、その違法行為は明らかではない。一六四一年から一六五三年までの一二年間には、のちにクエーカーになる一人が法廷記録に載っているだけである。一六七六年と一六八二年の間には、五一人の異端者のいずれかが再犯を犯した兆候は二つしか見られない。以上の事実は、クエーカーが他の種類の逸脱には手をださない傾向をもち、宗教的環境が異なればけっして法廷に現れないことを示している。第二の説明は、クエーカーがその政治情勢の変化によって逸脱者の飛び地に

押しやられ、その先住者がなんらかの意味で移転させられたというものである。

以上の説明の第二を受け入れるもっとも切実な理由は、クエーカーは自分たちがかかわっている宗教的戦いに無関係な違法行為にはたぶん少しの興味も見せなかったことだ。彼らの教会に対する犯罪（そのほとんどは教会行事に不参加だったことだ）は、明らかにその種の性質のものである。彼らが秩序紊乱や権威への侮辱で受けた有罪判決は、聖職者が義務で訴えたものである。これによって残されるのは状況不明の窃盗と「その他」のカテゴリーの違法行為だけである。

数えるほどのクエーカーが逸脱的地位に移動し、先住の多数の人びとと入れ替わったと言うとき、むろん私たちは比喩として語っているのである。クエーカー・クライシスの際にコミュニティに起こった変動と転換が何であったか、どんな力が働いて法律違反者率を急激に変化させたか、私たちは知らない。それでも、この率が記録の明白な三〇年間にほとんど変わっていないという事実は、クエーカー以前には、人口の一定の割合が逸脱活動にたずさわっていたことを示している。クエーカーは植民地に突如現れ、その期間にフル回転の活動を行ない、その後こぞって退場したのだった。犯罪の波がエセックス郡に押し寄せ、地方裁判所の扱う法律違反の数は倍増した。それでも逸脱者人口の規模自体は顕著な増加をしなかったのだ。

むろんエセックス郡裁判所から鞭打ち台や晒し台へと上った多数の法律違反者は、自分らが規則正しい社会的パターンに貢献しているなどとは意識しなかった。けれど、個々の人間がたがいに共謀しているなどとは少しも思わず分散行動することで、とにかく安定した率を打ち出しているのだ。社会科学者はたいていの場合、次のような考えに陥りやすい。この種の規則性はより広い社会構造から生じており、人びとの意識にかかわらず彼らの活動に秩序と予測可能性をもたらしている。したがって、問題の社会学的分析はかかる安定性を産出する社会秩序のメカニズムに注意を向けることを要求している、と。残念ながら、このような犯罪の波についての議論に終止符を打たなければならない。私たちはこれに知的な疑問を投げる準備ができている。これまでは理論的パッケージという重荷を証拠の細ヒモで結わえようとしてきたのだ。私たちはそのように大層な理論的考察は後回しにして、一式のデータをより細部にわたって調べることだ。

さて、どこから始めるべきかを示すことにしよう。私たちはここで複雑なロジスティクス問題を扱っているのである。社会がゆとりをもって認めることができる逸脱者の数はその社会の警察力と裁判所の許容度に関係しており、その関係は見た目ほど単純ではない。たとえば、エセックス郡裁判所はクエーカー・クライシスの高潮期にはその前後期の二倍の審判を行なった。地方警察官がこの混乱期にふだんと違い多忙だったことは想像できる。だが、明らかにある種の転換が起こっている。法廷はおそらくクエーカーの侵入に驚き、ふだんなら注目していただろう事柄を見過ごし始めた。あるいは、クエーカーの出現は大きな興奮と騒ぎとドラマを生みだしたので、他の潜在的違反者は因習的秩序への挑戦心から公的領域に参加する気を削がれたのである。統制装置の許容度、関係する人びとの動機、変動する逸脱の定義、あるいは所定の社会空間における逸脱行動の密度に関する複雑な均衡、これらのどれを転換の源泉とみなすにせよ、私たちは社会の中の逸脱が明確な「割当て」のかたちを取ると考える。

私たちはひとまず次のような結論を出すことができる。アメリカ史のある時期ある地域では、法律違反者率はまったく安定していた。他のコミュニティからのデータが同様のパターンを示すならば、社会は逸脱の割当てを「必要」とし、それを完全に保つように働いている、と。

第五章　ピューリタニズムと逸脱

I

一六三六年一月、マサチューセッツ湾植民地に反律法論争が勃発する数週間まえ、ある重要な政策論を議論するため数名の植民地指導者が集まった。ヘンリー・ヴェインはニューイングランドにさっそうと登場した直後で、湾植民地の政局で地歩をきづくため耳目を集める争点を探しまわっていた。現地の政治情勢を見定めていたヴェインが耳にした噂話のうちに、植民地でもっとも著名なふたりの人物――ジョン・ウィンスロップとジョゼフ・ダドリー――が規律をめぐって反目しあっているという話があった。ウィンスロップが問題を法廷で寛大に扱おうとするのにたいして、ダドリーは聖書どおりの苛烈な方針にこだわった。この論争を聞いたヴェインは、調停者の役を買ってでることに決めた。そこでヴェインは、自分とおなじ船で渡航したばかりのヒュー・ピーターズ牧師とともに、植民地コミュニティの数名の指導者にこの問題の討議に参加するよう呼びかけた。ウィンスロップは（自分を三人称で呼びながら）この経緯を次のように語っている。

ヴェイン氏とピーターズ氏は、植民地にある種の分裂があり、さらに、執政者とその他の名士たちとのあいだに感情の疎隔もあって、その結果、ある者は物事をより寛大にはこぼうとする旧総督ウィンスロップ氏に味方し、またある者はより峻厳に扱おうとする前総督ダドリー氏を支持して、民衆のうちに派閥がうまれはじめていることに気づいた。そこで彼らはボストンでひとつの会議を開くことにした。

会議はためらいがちに始まった。まず始めにヴェインが一同に集まってもらった理由を長々と説明したが、ぎこちなく黙りこんで席につかざるをえなかった。これに対し、まずウィンスロップが、つぎにダドリーも、自分たちのあいだには「不和などまったくない」、会議に出席したのは「他の人びとの苦情」を聞くために他ならない、と言いきった。気まずい沈黙がながく続き、ようやくジョン・ヘインズが発言してヴェインは救われた。ヘインズは、議論になっている問題について少し意見を述べたいといい、ウィンスロップのやり方は「裁判に関して無気力すぎ」、逸脱者の訴追にピューリタンの執政者らしい激しさが見られないと不満をのべた。ウィンスロップは次のように答えた。

揺籃期の入植地では、確立した国家にくらべ、裁判はより寛大に行なわれるべきだというのが彼の判断だった。初期には、新しい法律や命令に不慣れなためや、また仕事やその他の困難が重圧となって、人びとは違反を犯しがちだからだ。しかし、その間違いが証明されれば、彼はよろこんでより厳格な方針をとるであろう。

さらに議論をかさねた末、伝統的なピューリタンの慣例が採用されることになり、当面の問題のための「規程作り」が数名の聖職者に要請された。翌朝、会議が再開され、聖職者たちは自分たちの見解を表明して、「入植地においては、確立した国家以上に、犯罪問題でも軍事問題でも、厳格な規律が福音の栄光と安泰に役立つものとしてより必要とされる」と述べた。ウィンスロップはいつもの彼らしく礼儀ただしくその裁定をうけいれ、「相互間の愛の回復」[注1]とともに会議は終わった。この会議は、歴史的に見て、初期の湾植民地史のもっとも重要な転換点の一つだったが、それは、司法の方針がこの会議から厳格になり、その方針が数世代にわたって続いたからである。しかし、この会議は別の理由からも重要だった。この会議が逸脱行動とその規制に関する植民地人の考え方をもっとも明瞭に示してくれるという理由である。

ウィンスロップが寛大な法の執行を主張し、規律は状況に応じて定められるべきだと述べたとき、彼は実際政治の用語で語っていた。一方、ウィンスロップの論法に反発した聖職者たちは、宗教的な絶対主義(神の至上権説)の用語で語っていた。すなわち、変動する時代状況にあわせて法律を定めるのではなく、法律は普遍の道徳律を守るために、言いかえれば、福音の栄光と安泰を守るために、固定化され、決定的なものでなければならなかった。あるピューリタンの神学者がかつて書いたように、「人間の経験にあわせて神の掟を歪めてはならない。むしろ、人びとをその掟に引き寄せ、その掟によって人びとの身分を定めなければならない」[注2]。要するに、イギリスが法律を人間経験の産物と見なしはじめていた時、マサチューセッツは昔ながらの中世的信念を再確認したのである。法とは、宇宙の設計図に書きこまれた永久普遍の規範であり、人間の条件の変化によって変わることのない不動のものだ、と。

逸脱と処罰にたいするピューリタンの態度をどのように論じるにしても、まずこの基本的スタンスを理解するところから出発しなければならない。なぜならこのスタンスは、公共の秩序にたいする犯罪は自然の均整と秩序にたいする犯罪であるという考えを示唆しているからだ。

マサチューセッツ湾植民地に関するもっとも永続的な記憶の一つは、執政者が違反者をきわめて残酷にあつかうことができたということである。肉体に醜い焼き印をつける、荒野に追放する、さらし台にかけて辱める、はげしく鞭うつ、耳や鼻をそぎ落とす、そして時には、絞首台から吊るすことさえあった。アメリカ史を学ぶ者は、ロジャー・ウィリアムズや魔女ヒステリーについて教わる学校の生徒から、あらゆる世代の学者まで、長い間このおぞましい主題に惹きつけられてきた。マサチューセッツ史家は一九世紀後半まで（いや二〇世紀に入っても）、ピューリタンの過酷さについてあまりにも多く書いてきた。そのため読者は、歴史家たちがこの無視しがたい過去の一章とだけは決着をつけておこうとして、他の重要項目を先延ばししているのではないかと思ったかもしれない。歴史家のうちには、湾植民地人を免罪する道をさぐろうとする者もいたし、植民地人の残虐行為を自分が実況中継している気になって憤激の念に駆られているかのような人びともいた。ときおりナサニエル・ホーソンのような書き手が、不毛な論争のどちら側にも味方することなく透徹した時代像を描きだすこともあったが、そのような人びとは党派的な観察者――ジョン・ポールフリー［ユニテリアン派の牧師で歴史家――訳者注］のような忠実な護教派や、ジェイムズ・トラスロウ・アダムズ［在野の歴史家、著述家で、アメリカン・ドリームという用語の創始者――訳者注］のような激烈な批判者など――にくらべて圧倒的に数が少なかった。

歴史学方法論《ヒストリオグラフィ》は一九世紀から現在まで長足の進歩をとげてきた。したがって、上記の歴史家たちが過去研究では中立性が大切だという現代の慣例を守っていなくても、それにこだわるとしたら道理に合わないだろう。もっとも、学問の方法論が変化した事実は認めるにしても、現存する資料の多くが逸脱にたいする植民地人の態度を知るのにあまり役立たないことは認めなければならない。それらの資料はピューリタンの迫害性向について多くを語ってくれるが、その性向の背後にあるピューリタンの宇宙観についてはほとんどなにも語ってくれない。

じつを言えば、初期のマサチューセッツの犯罪の処罰は、同時代の世界の他の地域にくらべて、さまざまな点でより寛大だったように思われる。このことを考えると、過酷という湾植民地の悪評がなぜこれほど長続きしたのか、理解しにくくなる。おそらくマサチューセッツ湾植民地の刑罰のもっとも恐ろしい点は、結局のところ、その苛烈さではなくその冷徹な公正さにあった。世界の他の地域では、無慈悲きわまる虐待行為も、虐待者が激怒、憐憫、復讐、恐怖のような感情に駆られていたとすれば、それなりの人間的感傷をもって扱われた。だがマサチューセッツ湾植民地では、情け容赦のない確信が裁判を支配した。違反者の動機、犠牲者の悲嘆、植民地コミュニティの怒り、その他いかなる人間的感情にも、ほとんど注意が払われなかった。すべての手続きが取りつく島のない機械的な調子で運ばれた。裁判のあつかう対象が人間によって決定される事柄ではなく、自然の法則だったからだ。

ピューリタン裁判のこの特徴を理解するには、ニューイングランド思想にあらわれた予定説の教義から説き起こすべきだろう。ピューリタンの聖書解釈によると、この世には重要な人間の種類は二つしかなかった――選ばれて永遠の生にあずかる人間と、永久に地獄にひきわたされる人間の二つである。そのどちらになるかの決定は人が誕生してくる以前に決められ、その人の生きている間の行動はその決定にはなんの影響もおよぼさない、とされていた。その一方、ニューイングランドのピューリタンは、ほとんどの人間が遅かれ早かれ自分が選良であるか否かの兆候を示すものだと信じていた。恩寵を感じた人間はその経験に心を揺すぶられて植民地コミュニティへの新たな責任感に目覚め、徐々に指導者の地位へ昇っていくだろう。まだ確信がもてない人間はコミュニティの中位にとどまり、自分の運命がより明確になるまで誠実な問いかけを続けるであろう。最悪の運命をおそれる理由をもつ人間は社会の下層へ陰気に下降してゆき、逸脱行動を犯しやすくなるだろう。こんな風に、神の王国の社会構造はイギリス国家のそれときわめて類似しており、折り紙つきの逸脱者がその構造の最下層に属することはどんな鈍い教会員にも明白だった。もしある人間が権威を蔑ろにし、植民地コミュニティの規範を犯すような場合、神がとつぜん怒りを示しその人間を地獄落ちに決定しなおすことはないだろう。むしろ、そのような行動をとる人間は恩寵を経験したことがなく、これからも経験しないだろうと見なすほうが無難だ。「上品な《グレイスフル》」という言葉には「恩寵を受けた」という古い語義があるが、その意味でそういう人はグレイスフルではないのである。

このような前提にたてば、刑罰にたいするピューリタンの態度はかなり単純な論理をもっていた。もし被告人が地獄での永生を予定されているとしたら、裁判官が彼をどれほど過酷にあつかうかは大した意味をもたない。この世での艱難辛苦はあの世で彼を待ちうけている責め苦のかすかな先触れにすぎないからだ。中世ヨーロッパの教会裁判所はときおり重罪人に火あぶり刑を宣告したが、それは火あぶりが地獄の業火の前奏に相応しいという理論にもとづいていた。この考えはニューイングランドの法廷を支配していたと思われる暗黙の観念と似ていなくもない。違反者に永遠の苦しみを宣告するのは執政者ではなく神なのだ。執政者が違反者の背中を鞭うったり、肌に灼熱の鉄ごてを圧しあてても、彼らは賢明なる神がすでに定めたもうたことを代行しているにすぎなかった。したがって罪人の処罰は、公共の治安をまもる便利な手段であるばかりでなく、ある意味で、神への忠義の行為でもあった。

予定説では、人は自分が地獄落ちに相応しいか否かを証明するチャンスを与えられることなくその運命を宣告される。その意味で、この教義はしばしばもっとも残酷な神学の一つだと批判されるが、予定説は単に冷酷な想像力の持ち主たちによって作られた一片の教義ではなかった。それは教会員たちが生きていた生活の記述であり、実世界の出来事のありのままの説明でもあった。星の運行や季節の移り変わりといった大きな自然のサイクルから、日常生活上の平凡な些事にいたるまで、神が森羅万象の主権者であることをピューリタンは知っていた。だが、人間の意志や偶然のはたらく余地がないこの世界には、説明のつきにくい多くの事柄があった。たとえば、なぜある者は他の者より才能にめぐまれているのか、なぜある者は高い身分に生まれつくのか、なぜある者は日々の事業でより運に恵まれるのか。あきらかに神がそれを望んでおられるからだ。

全能なる神は、尊くも賢き神慮によって、人間の条件を以下のごとく定められた。すなわち、いつの時代にあっても、富む者と貧する者がなければならず、権力と位階において高く勝れる者と卑しく服従する者とがなければならない、と。注3

したがって予定説という観念は、ピューリタン的経験のもっとも明白な二つの「事実」——神が宇宙を支配しているという所与の認識と、人間は一人一人異なっているという経験上の観察――を採りあげ、それらを科学理論のような精密さと有機的統一をもって結びつけたものだった。

これはもっとも極端な運命論だったが、ピューリタン神学の他の多くの教義同様、予定説もめったに文字どおりには受けとられなかった。ピューリタンは宇宙のすべての動きが直接神によって統括されていると感じる必要があったが、いっぽう、社会規則をやぶった人間はその逸脱行為に道徳的にも法的にも責任があると感じる必要もあった。ピューリタンは自分たちの精神によく馴染んでいる律法主義的な解決策をまもなく編みだした。その論法によると、神が人の生涯のあらゆる瞬間をあらかじめ調整し、細かな細部まで人事を規制している。したがって、人間のあらゆる行為は、神聖な行為であれ恐るべき犯罪であれ、前もって完全に予定されている。ところがそれと同時に神は、一人ひとりの人間が自分用に選定された未来に同意することも要求する。その結果、一人ひとりの人間は、神の意思を成就しながら、同時に自分自身の意志にもとづいて行動してもいる。これはほとんど、木から落ちる人間が、落下しながら、「こうなることは前から計画していたことだ」と結論づけるだろう、と言うようなものである。ところがこの考え方はニューイングランドの理論の必要条件をじゅうぶんに満たしていたし、他の多くの種類のピューリタンの教義にくらべて詭弁の度合いがひどいとも言えなかった。したがって、法的観点からいえば、人間の意志は完全に自由であり、人間は自分のすべての行為にたいして責任がある。その理由は、他の行動を選択する自由を人間がもっていたからではなく、最初に自発的にこの結果をもとめたのが人間だったからだというのである。この論法のいかがわしさは、湾植民地きっての理論家の一人でさえ、人間が「自由に行動し、しかもその自由な行動によって神の目的を成就するように[注4]」神はこの世界をお造りになった、と強弁するほかなかった。

もちろん二〇世紀の観点からみれば、この犯罪責任の考え方には明らかな矛盾がある。一方では、逸脱者は手渡されたシナリオに従っているにすぎず、彼はそのシナリオから、やがて彼の訴因となる違法行為を犯せ、と強要されている。したがって逸脱者には彼自身の違法行為にたいする「責任」がじつはない――少なくとも、この用語がその後使われるようになった意味では、「責任」は問えない。この点でマサチューセッツの刑罰は生け贄的性格をもっていた。つまり、被告人は処罰を受けいれることを要求されるが、それは良識をはたらかせれば処罰を「避ける」ことができたはずだからではなく、宇宙の理法そのものが処罰を要求していたからだ。

他方、すべての違反者は、自由な人間として、言いかえれば、自分の行為に全責任をもつ人間として、法廷に立った。だから彼は、自分は神の命令で罪を犯すことを強制された、と申し立てることはできなかった。また自分は貧乏な生い立ちで、環境の犠牲者であり、これ以上の分別を持ち合わせていなかったと主張することもできなかった。なぜなら彼は悔い改めない罪人になるという契約を最初に神と結んでいたからだ。この考えはすべての人間に自己の運命の支配者になるという名誉をあたえるのだから、そこにはある種の尊厳がふくまれているかもしれない。だが、神の奴隷であると同時に自由人でもあるという上述の曖昧さの結果に苦しめられている人間にとって、そのような尊厳は大した慰めにはならなかったかもしれない。ピューリタンも、現代のわたしたちと同様、人間のあらゆる行為の「原因」が複雑な自然の仕組みのどこかに潜んでいると考えたがったが、たとえそうした原因が作用していると考えるにしても、それによってその人の行為責任が軽くなるとはまったく感じなかった。予定説という観念にふくまれる矛盾に一七世紀のニューイングランド人が気づいていた証拠はないが、後代の批評家にとってその矛盾は尽きざる混乱の源である。古記録を相手に何時間もすごしていると、ピューリタンがだれかを「有罪」と呼ぶときそれがなにを意味したのか、その人間を処罰することでなにを成し遂げようとしたのか、ますます分からなくなる。二、三の例をあげれば、問題の説明に役立つかもしれない。

一六三八年、ドロシー・トールビーという女性がわが子を殺したとして法廷に引き出された。その子は「困難《ディフィカルト》」という不吉で予言的な名前をもった女の子だった。裁判前と裁判中のトールビー夫人の行動は、当時の粗野な精神医学の基準でも、彼女が当事者能力をまったく欠いていることを示唆していた。ウィンスロップは彼女の動機が「憂鬱と精神錯乱」にあると考え、彼女が「サタンにとり憑かれ、サタンに説き伏せられて（彼女はサタンの惑わしを神の啓示と考えて耳を傾けたのだ）、将来の悲惨からわが子を救うために娘の首を折った」という事実を犯罪の原因と見なした。こうした病的な印象があったにもかかわらず、彼女はボストンで絞首刑になり、その折、素晴らしい説教が説き聞かされた。ウィンスロップによると、処刑のとき彼女は悔い改めをこばみ、処刑台上で頭巾をかなぐり捨て、（「そのほうが苦痛が少なく、不名誉でもないという理由をあげて」）絞首ではなく断頭を要求し、ロープの端に吊るされてもなお逃れようと身をもがくなど、まことに見苦しくふるまった。この不運な女性について他にどのようなことが言えるにせよ、彼女がグレイスフルに死ななかったのはたしかである。[注5]

一六六六年、ジェイン・フランダースという女性が「ウソをつき」、「隣人間に論争をおこし、数名を難詰した」として、エセックス郡裁判所に呼び出された。法廷は彼女の「頭の調子がおかしい」と判断し、裁判での証言を禁じたが、そのような障害があったにもかかわらず、彼女は「説教日に一〇回の鞭うちを

うけること」という判決をうけた。[注6]

さらに、魔女問題にくわしかったコットン・マザーは、湾植民地最初の魔女の一人についてある話を伝えている。彼によると、アン・コールはかつて「ひじょうに信心ぶかい人物」だったが、ある日「奇妙な発作におそわれ」、知っているはずのないオランダ語で話すといった驚くべき離れ技を見せはじめた。発作がおさまった後、彼女は悪魔と契約をむすび、その契約の調印として悪魔と「くりかえし性交した」ことを認めた。コール夫人が即座に絞首刑になったのは言うまでもないが、この事件に関するマザーの記述はこの上なく謎めいている。「この告白をうけて、その女は直ちに処刑され、それによって幸いにもアン・コールはそれまで彼女を苦しめていた異常な悩みから解放された[注7]」とマザーは伝えている。はたして判事たちは植民地コミュニティから危険な魔女を除去したのか、それともアン・コールの難病を癒してやったのか、そのどちらだろうと読者は問わずにはいられまい！　そしておそらくそこがポイントなのだ。つまり、逸脱行動はたしかに一種の病気だったが、それは温情や同情の対象ではなく、植民地コミュニティがその総力を結集して対処しなければならない緊急事態だったのだ。その過程で患者が不快をこうむるか否かは顧慮していられなかったのである。

このように考えてくると、ピューリタン裁判のもう一つの興味ぶかい特徴が見えてくる。それは、有罪判決をうけた重罪犯人から悔い改めの正式表明を引き出そうと執政者と聖職者が途方もない努力をはらったということだ。むろん、このような表明の主な目的はその人間の魂を洗い浄め、「この人はじつは悪人ではなかったのだ」とコミュニティの他の人びとに納得させる機会をつくってやることだった。当時の記録のいたるところに、感動的な告白や真剣な更生の誓いをうけて法廷が判決を軟化させた例が無数に見うけられる。だがこれは物事の半面にすぎない。というのも、湾植民地史上でもっとも名高い告白のいくつかは、死刑判決をうけた人びとが絞首台への最後の歩みのなかで表明したものだったからだ。コットン・マザーのような人びとはこうした告白を克明に収集したが、なぜその種の告白にそれほどの価値を認めたのか理解しにくい。罪人が最後の瞬間に悔い改めたとしても、その運命は変わらなかった。またその意思表示によって来世における展望が改善される見込みもなかった。しかし、記憶しておくべきことだが、悔い改めは私的な悔悛行為であると同時に、告白という公的儀式でもあった。悔い改めるとは、コミュニティの道徳律の正当性を認め、裁判所の判決の妥当性に同意することだった。ピューリタンが好んだ言い回しを使えば、悔い改めるとは、私は「おのれ自身の良心にたいして罪を犯した」のだから、コミュニティは私を処罰しなければならず、場合によっては死刑にしなければならない、私はそのことを完全に了解している、と表明することだった(この点でも、他の多くの点と同じく、ソヴィエト連邦の新しいピューリタニズムはニューイングランドの古いピューリタニズムと似ているように思われる)。

そして、ピューリタン理論の循環論法が独特なフィナーレをなして環を閉じるのはまさにここなのだ。逸脱者は自分にはコントロールできない力に駆り立てられて罪の生活へ陥ったが、最後の瞬間に、自分を破滅させた運命に同意することによって、すなわち、自分を破壊しようとしている法律の妥当性を処刑台上で証言することによって、その冷酷な裁判過程にそれなりの筋道をつけることに成功する。これは、ある意味で、生け贄に法廷の行動の承認を要求することである。つまり、罪人という生け贄は自分に不利な判決を人びとと分かち合い、自分自身の処刑の証人となることでコミュニティに復帰することを求められているのだ。もしこの一部始終に生け贄儀式に似たものが感じとれれば、悔い改めにたいするピューリタンの態度のもう一つの要素が理解しやすくなるだろう。すなわち、自分たちの教義の矛盾にぼんやりと気づいていた湾植民地の人びとは、有罪を宣告した相手から赦しを得たがっていたのかもしれない。

II

以上の背景を念頭におけば、第一章で導入した問題にもどることができる。この研究のさまざまな個所で触れてきたように、逸脱者はしばしば社会にたいして重要な貢献をする。彼らは境界領域を歩き回ることでコミュニティの他の人びとに比較対象をあたえ、それが人びとに領土的なアイデンティティ意識をよび覚ますからだ。異文化間の関係づけという視座からこの問題を見ると、すべての社会がそれぞれ別のやり方でこの問題をあつかっていることに気づくにちがいない。それぞれの社会は、逸脱者を決定する独自の仕組みと、境界線の人の往来を規制する独自の仕組みをもっている。第一章ではこれらのさまざまな装置を「配備パターン」と呼び、民俗学の文献にしばしば登場するいくつかの例に言及した（三七〜三九頁参照）。これらの配備パターン間の相違に注目すべき主な理由は、それぞれの社会が逸脱行動をみる独自の見方と独自の統制機構を発達させる過程で、文化的選択を行なっている事実を指摘したいからだ。というのも、その選択の仕方は、ある社会が経験する逸脱の形式と、逸脱にはしる人間の種類に大きな影響を及ぼすからである。

さらにこの研究の最後の数節では、以下の二つの見解を探ることになる。⑴ピューリタンは彼らがその中で生きていた神学的風土によく合致した配備パターンを編み出した。⑵そのパターンの主要な特色は逸脱にたいするわれわれ現代人の態度に今もなおさまざまに反映されている。

ニューイングランド的配備パターンの特徴をあげれば、①逸脱行動は逸脱的態度が固着している特殊なタイプの人間によって犯されるとピューリタンは考えていた、また②この問題の最善の扱い方は、その特殊なタイプの人びとに逸脱的役割を半永久的に押しつけることだとピューリタンは考えていた、とまとめられるだろう。人間の発達についてのピューリタンの理論は、人間は年をとったり人生経験をつんでもあまり変わらないという前提から出発していた。その意味で、湾植民地の入植者たちは人間が「改心」したり、顕著な逸脱傾向を克服したりする可能性をほとんど信じていなかった。ある人の経歴のパターンはあらかじめ決められており、その人の性格も、社会的身分と同様、そのパターンによって固定されている。だから万一その人がひねくれた態度やならず者じみた習慣を見せて神の選良の候補者とはおもえない兆候を示せば、コミュニティはその人を変えたり性格を直させようとしてエネルギーを無駄遣いすることはなかった。きわめて実際的な意味でその人間は逸脱者「タイプ」に属しており、この条件を改善する見込みはないと見なされた。

このことは、ピューリタンが法廷に立つすべての逸脱者を見限っていたことを意味するのではなく、この世界には明白な一線があり、その一線を越えた逸脱者は「永遠に破滅した」と認識していたことを意味している。ピューリタンがある人に訓戒を与えたり罰金を科す場合には、その人を良識に立ち返らせようとしていただけだったであろう。だがその人の額に烙印をおしあてたり、鼻や耳をそぎ落とす場合は、人生におけるその人の位置の恒久的な象徴を刻みつけることになり、それはその人がコミュニティ内の通常の社会的役割に戻るのをきわめて困難にした。追放もほぼ同じことを意味した。どこか他所でその人間がもっとよい評判をとることはあるかもしれないが、地元の記録、地元の記憶では彼はいつまでも逸脱者なのである。これは、一七世紀にあっては、二〇世紀で考えられるよりはるかに不幸な運命だった。処刑という行為に同じような終局性が存在していることは言うまでもない。

したがって、ピューリタンの配備パターンは逸脱者階級の半永久的排除に基礎をおいていたと結論づけてもよいだろう。その場合、逸脱者階級とは、たえず容認されない行動を行ない社会秩序の安定にさからうと見なされた不適応者の階級を指していた。第一章で言及した他のパターンと同じく、ピューリタンのシステムもコミュニティの生活内の逸脱量を安定させるように作用した。だが、他のパターンとはちがって、ピューリタンのシステムはコミュニティの境界線を出たり入ったりする人びとに手加減をくわえることがほとんどなかった。比喩的であれ文字どおりであれいったん悪評の烙印をおされてしまうと、その人の社会的地位はかなりはっきりと固定されてしまい、自分はもっと別の社会的地位にふさわしい人間だという印象を他人に与えるのがむずかしくなる。まして自分自身はなおさらそう考えられなくなる。誰かについてまるでその人の職業をいうように「あの人は中毒だ」とか「あの人は分裂症だ」と言い表すおかしな誇張表現があるが、私たちはその言い回しをおそらくピューリタンから借用してきたのである。ピューリタンがそういう言い回しで仄めかそうとしたことは、さまざまな意味で、まさにそのことだった。つまり、ある人物を逸脱者と見なすことは、その人物の霊魂の状態、神のお召し、天職、神の選民か否かの状態を言い表すことだったのだ。

この配備パターンを支えていた神学観はすでに大部分社会から消滅してしまったが、そのパターンに含まれていた逸脱の受けとめ方は、私たちが逸脱者を処理し拘束するために設けてきた多くの制度のなかに今もなお残存している。今でも私たちは逸脱行動のイメージを思い浮かべようとするとき、その行動を環境の産物とは考えず、そういう行動を行なう人間の奥深くに根差す性格学的気質の産物だと考えがちである。また私たちは今なお、そうした人びとの行動を一過性の逸脱にすぎない出来事とは考えず、その人の全存在に関わっているかのように扱いがちである。以下の見解が科学的にも通用するかどうか論じるためには本書と同じくらいの分量の本をもう一冊書く必要があるが、世人の意識を悩ませる逸脱行動の多くがかなり年齢限定的であるように思えるということは指摘しておくべきだろう。つまり、もっとも能動的な逸脱者でも成人になるとその多くが自然に落ち着いてくる可能性があるのである。もっともそのためには、彼らの逸脱と脱線を基本的性格の結果ではなく年齢の結果と見なすことができなければならない。たとえば、逸脱者の少年少女を犯罪者の徒弟と見なす論理は、当の若者の心理傾向についてより、私たちの社会構造についてより多く語っているのである。

ともあれ現在の研究の目的は、上述の見解が三〇〇年以上前にピューリタンがアメリカにもたらした神学的教義と歴史的に関わりがあるかどうかを究明することである。それだけ長期にわたって逸脱に関するアメリカ思想の展開を跡づけるのは不可能だろう。その意味でこの問題は宙吊りのままにならざるをえない。だがここで、一種のエピローグとして、我が国の歴史上の一つの挿話に目を向けるのも悪くあるまい。それは、あの初期の時代の人びとの態度が後代の世代の関心をひきつづけてきた理由を暗示する挿話である。

Ⅲ

アメリカ独立戦争のすこし後、フィラデルフィアの一グループが刑罰改革の運動をはじめ、それがまたたく間に全世界にひろがった。多くがクエーカー教徒だったこの人たちは、有罪が確定した重罪犯を晒し台につけるべきではないと主張した。当時、足枷、首枷といった晒し台がほとんどの町の広場や独房におかれ、罪人たちはそこで空費したおのれの人生を反省し、魂の状態を改善することができると考えられていた。このグループの首唱者の一人ベンジャミン・ラッシュ博士は、現代人の耳にもどことなく馴染みのある用語をもちいて、この改革の必要性を力説した。一七八七年の著作の中で彼は次のように宣言した。

犯罪者の更生は公開処罰によっては決して達成できない。……経験が教えているように、公開処罰は犯罪傾向を助長してきた。鞭うち柱に縛られて自尊心を失った人間はもはや失うべき社会的価値をもたない。苦痛が鞭うちへの不感症を、また恥辱が汚名への不感症を生み出すのだ。おそらくその人間は、昔からの悪習に加えて、自分に懲罰を加えたコミュニティ全体への復讐心をいだくだろう。その結果、その人間は反社会的な不法行為の頻度と凶悪さをさらに高めるように煽り立てられてしまう。[注8]

この時代以前には、監獄は裁判を待っている容疑者を拘禁したり、まだなんの有罪判決もうけていない、たとえば債務者のような人びとを留置するために用いられ、有罪が確定した重罪犯の刑罰として監獄が用いられることはほとんどなかった。この意味でフィラデルフィアの提案はかなりユニークだった。一八世紀になると間もなく、二つの大規模な刑務所が合衆国内に建設され、それがアメリカでもヨーロッパでもほとんどすべての懲罰施設のモデルになっていった。この二つの施設のうちの最初のもの――フィラデルフィアの東部州刑務所——はクエーカー教徒の思想と計画の産物だった。これは堅牢な要塞のような石造りの建物で、陰気で重厚な中世の城を思わせたが、内部では新しい思想にもとづいて刑務所の規律が作り上げられていた。すなわち、一人ひとりの囚人に独居房があてがわれ、囚人は刑期をつうじてそこに拘禁され、自室のプライバシーのなかで実用的な仕事をしたり、隔離された中庭で運動することができた。このようなシステム全体にはクエーカー教神学の特徴が刻印されていた。このように囚人を個別的にあつかう目的は、囚人に内なる自我をうけいれさせ、より敬虔な将来展望を獲得させることだったからである。

モデル刑務所の第二のものはニューヨーク州オーバーンに建てられたもので、かなり異なる理論を反映していた。フィラデルフィアのシステムが独居と独房を重視したのに対して、オーバーンのシステムは集団活動を重視した。囚人は睡眠は独居房でとるが、日中は作業所に移動したり、規律ただしく班をくんで刑務所外に働きにでたり、共同食堂でいっしょに食事をとったりした。この大集団の秩序を維持するためにオーバーンの当局者たちは鞭を絶えず使用し、囚人間の会話禁止という方針を強制した。

これら二つの刑務所が収監者を受け入れ始めると、すぐに世界中から見学者が訪れ始め、間もなくその二つの刑務所システムの信奉者間にはげしい対立が生まれた。オーバーンは囚人一名あたりのコストがきわめて安価ですむことを誇示した。獄内労働によって出費のほとんどを賄うだけの収入が得られ、さらにオーバーンの囚人の労働でシンシン刑務所が基礎から建設されたため、オーバーンのシステムによれば刑務所の建設自体が資金面で楽になることが証明された。いっぽうフィラデルフィア・モデルはより豊かな人道性を誇った。独居房は滅多に開けられず、そのため囚人を統率するために体罰を使う必要がなかったからである。だが、論争の主要な論点は、囚人の累犯率を低下させる上でフィラデルフィアとオーバーンのどちらがより完備しているかという問題にあった。私たちはこの論争のなかに一五〇年以上前のある論争――クエーカー教徒が最初にアメリカに上陸してニューイングランド・ピューリタンと出会った頃に戦わされた論争――の反響を聞きとることができる。

アレクシス・ド・トックヴィル［フランスの政治思想家、歴史家。主著『アメリカの民主主義』――訳者注］とグスターヴ・ド・ボーモン［フランスの行政官、監獄改革家――訳者注］が一八三一年にアメリカを訪れたとき、彼らの主要な計画の一つはライバル同士のこの二つの刑務所システムを研究し比較することだったし、じっさいそれが彼らの旅行の公式の目的でもあった。彼らの出した結論は、当時ばかりでなく現在においても、この問題に関するもっとも鋭い観察の一つである。

フィラデルフィア・システムは囚人の魂に奥深い影響を及ぼすため、オーバーンのそれ以上に大きな感化をもたらすにちがいない。しかしながら、おそらく後者のほうが社会内の人間の慣習にはより適合していて、そのためより多くの改善を生み出す。それらの改善は、社会的責任を果たすものであるから「法的なもの」と呼んでよいであろう。だとすれば、フィラデルフィアのシステムはより正直な人間を作り、いっぽうニューヨークのそれはより従順な市民を作るといえる。注9

つまりこの二つの刑務所モデルは、ある意味で、異なる処罰哲学と異なる犯罪心理学を象徴していた。悔い改めと独居を重視するフィラデルフィア・システムはその主調音をクエーカー教的心情においていた。改心のための素質はすべての人間のなかに内在しており、最悪の悪人でも、悪の影響から遠ざかり、内なる善性が発露しうる境遇におかれれば、その信仰生活を改善できると考えていた。これにたいしてオーバーン・モデルはそれほど温和な人間観にもとづいていなかった。ここでは懲罰が主調音をなしていた。人びとは長い灰色の隊列をくんで集合させられ、会話を禁じられ、重労働を課せられ、たえず看守の苛めを受けていたが、それらはすべてピューリタンの一つの確信を反映していた。つまり、神に見捨てられた者の魂が完全に救済されることはありえないのだから、その魂が有益な生活の日課に耐えられるはずはないとピューリタンは信じていたのである。フィラデルフィアは人間の生来の美徳が発現できる環境を提供した。いっぽうオーバーンは人間固有の邪悪さを抑制して社会の要求になんとか従わせる環境を提起したのである。

トックヴィルとボーモンはアメリカ旅行中にオーバーン・システムを熱烈に信奉する初代の刑務所長イーラム・リンドと面会した。会見の途中でトックヴィルはリンドに「あなたは多数の囚人を更生させられると本当に信じておられますか」とたずねた。するとリンドは次のように答えた。

おたがい理解しあう必要がありますね。若い非行者をのぞけば完全な更生はありえないと私は信じています。私の意見では、成人の囚人が信心ぶかい有徳な人間に変わることは滅多にありません。出獄した大人の囚人が清らかな生活を送るとは信じられません。教誨師の忠告や服役者の瞑想によって善良なキリスト教徒に変われるとは思いません。もっとも、刑務所で実用的な技術を学び持続的に労働する習慣を身につけたことで、多くの前科者が新しい犯罪を犯さなくなりますし、役に立つ市民になることだってあるとは思いますね。私が期待してきた更生はそれだけです。そして社会が期待できる唯一の更生もそれだけだと私は信じています。[注10]

リンドはトックヴィルたち訪問者にむかって次のように説明した。「私は体罰の使用をつよく奨励します。囚人の陰気な性分がもっと『従順な』行動パターンに変わらないかぎり、『規律に耐えらない』にちがいないのですから」、と。会見後、トックヴィルは日記に次のようなコメントを記した。「イーラム・リンド氏は、休憩を交えて数時間つづいたこの会見中、囚人を押さえつけて『無抵抗な従属状態』におしこむことがなにより重要だという考えにたえずたち返った[注11]」。

後代の人びとはイーラム・リンドに厳しい判定を下してきた。アメリカ刑罰学史のもっとも総合的な研究は彼を「間違いなく残忍な」人物と評し、彼の「名前は刑罰史において笞刑《ちけい》と同レベルまで低落している」と断定している。[注12]たしかにリンドはじっさいに残酷な人間だったのかもしれないが、さらに注目すべきことは、彼の実践した哲学が彼の生地であるニューイングランドに深く根ざすもので、罪と罰にたいするピューリタンの態度と密接に結びついていたことである。リンドは鞭うちを独房拘禁よりはるかに寛大な刑罰だと見なしていた（ついでにいえば、同じ時期にフィラデルフィア刑務所を訪問した人情家のチャールズ・ディケンズもリンドと同じ判断を下している[注13]）。リンドがフィラデルフィアのやり方を途方もない「悪習」と考え、それを矯正するためにオーバーンの刑務所長ついでシンシンの刑務所長になったことは明らかだと思われる。ピューリタニズムを背景にして考えれば、リンドの刑罰理論は理にかなっていて、おそらく寛容なものですらある。ある囚人の魂が永久に堕落し、罪がその個人的資質の避けがたい一部であるとすれば、「更生」や「復活」について考えるのは無意味である。その人間にしてやれる最善のことは、地獄落ちときまったその魂を動物の野生本能をあつかうように檻に閉じこめ、その囚人を無抵抗で従順で鈍感な社会の構成員に仕立てることである。監獄における懲罰の目的は、どんな厳格な療法でも治せない囚人の本性を改善することではなく、それが顕在化することのないようにその本性に拘束衣を着せることなのだ。オーバーンの囚人を論じながら、トックヴィルとボーモンはこの点を十分理解していたように思われる。

出獄するとき、おそらく囚人は正直な人間になってはいないだろうが、正直の習慣は身についているだろう。以前は遊び人だったが、現在は働く術を知っている。無知のせいで役にたつ仕事ができなかったが、今では読み書きができる。監獄で学んだ商売によって以前は持っていなかった生計の道を身につけた。美徳が好きになった訳ではないが、つらい結果をもたらした犯罪が嫌になっているかもしれない。有徳な人間になってはいなくても、少なくとも思慮分別は増しているだろう、なにしろ彼の徳性は節操ではなく利益にもとづくのだから。彼の信仰心は強くも深くもなっていないが、たとえ彼の心に信仰が達していなくとも、彼の頭には秩序の習慣がついている。……最後に、たとえ心底から善良になっていなくとも、少なくとも法律にはより従順になっているだろう。そしてそれが社会に期待できるすべてなのだ。[注14]

フィラデルフィア・システムとオーバーン・システムの対立の影響は世界中のほとんどすべての地域に

見られる。アメリカではオーバーンがほとんどすべての重警備刑務所のモデルとなったのに対して、ヨーロッパではフィラデルフィアが同種の施設のモデルとなったのは歴史の不思議の一つである。

もちろんこの奇妙な展開には建物や労働供給等にかかわるさまざまな理由があるが、その理由の一つは、オーバーン哲学がアメリカ独特ともいえる人性観——ないしはアメリカの制度にもっともよく表されている人性観——を反映していた、ということだったかもしれない。ピューリタニズムは国際的運動として出発し、世界の隅々にその痕跡を残しているが、ピューリタニズムが生んだ独特なエートスは主に合衆国に根を下ろしたのであって、その遺産はアメリカ人の逸脱行為の扱い方にさまざまな形で今なお顕著にうかがえる。アメリカでは、二、三の実験的刑務所をのぞくすべての刑務所で、オーバーン方式がいまだに指導原理となっている。会話禁止のシステムは今では滅多に強要されなくなったし、監獄内労働は公開マーケットでの自由労働にもはや対抗できなくなった。さらに犯罪者の社会復帰のために新しいプログラムが導入されてきたが、オーバーン方式の基礎となった罪と罰にたいする基本的態度は、この問題に関するアメリカ人の思考において今なお重要な役割をはたしつづけている。人びとが人生の一時期コミュニティの境界線近くをさ迷った後、通常な社会生活にもどろうとする場合、それらの人びとには、当時とおなじく現在も、社会への復帰ルートがほとんど開かれていない。その理由は、重度の逸脱形態におちいる人間は重大な性格的弱点——容易には消しがたい深い欠陥——をもっていると私たちのほとんどが感じているからだ。それらの人びとは今では「神に見捨てられた人間」ではなく「病人」と見なされるようになってきたが、両方のレッテルは同じ論理に支配されている。つまり、大きな心の変化か霊的回心か臨床的治療によらなければ、人びとを逸脱行動にみちびく内部の悪の種子は根絶できないという同じ考えをそれらのレッテルは暗示しているのである。

いずれにせよ、ここでエピローグの主題にもどって、オーバーン・システムが社会復帰の方法としてさほど成功しなかったことを指摘しておこう。刑務所生活に関する現代の研究によると、囚人の累犯率はひじょうに高く、刑務所の雰囲気自体がこの推移に大きく影響しているという。だがこの結果をアメリカ人の創意の欠如として一蹴するわけにはいかない。その結果はさまざまな点で逸脱にたいするアメリカ的態度をみごとに象徴しているからだ。アメリカ社会の人びとは、「逸脱」のレッテルをはられた人びとの更生にさほど期待をかけていない。このことは私たちの目を歴史上のピューリタンに向けさせる。なぜならその期待の欠如こそ、ピューリタンがいだいていた逸脱のイメージ、人間性が不可逆であるという確信を反映しているからである。

原注

第1章

1 Emile Durkheim, *The Rules of Sociological Method*, trans. S.A.Solovay and J. H.Muller (Glencoe, Ill.: The Free Press, 1958), p.67.『社会学的方法の規準』(原著一八九五年/岩波文庫版、一九七八年)一五二頁。

2 Emile Durkheim, *The Division of Labor in Society*, trans. George Simpson (Glencoe, Ill.: The Free Press, 1960).『社会分業論』(青木書店、一九七一年)。

3 *Ibid*., p.102. 同訳書一〇〇頁。

4 同様の指摘がのちにジョージ・ハーバード・ミードの重要論文によってなされている。George Herbert Mead "The Psychology of Punitive Justice," *American Journal of Sociology*, XXIII (March 1918), pp.577-602.

5 エドウィン・M・レマート、ハワード・S・ベッカー、ジョン・I・キッセの著作を特に注意せよ。

6 じっさいにこの一般的見解が最初に述べられたのは、小集団についての研究であった。A・デントラー、カイ・T・エリクソン「集団内の逸脱の機能」、『社会問題』第七巻(一九五九年秋)九八〜一〇七頁。

7 Aldous Huxley, *Prisons: The "Carceri" Etching by Piranesi* (London: The Trianon Press, 1949), p.13.

8 近代監獄におけるこの過程の記述は、次の書がすぐれている。Gresham Sykes, *The Society of Captives* (Princeton, N. J., Princeton University Press, 1958). 精神病院の二つのタイプに関する同様な議論は以下を参照。Erving Goffman, *Asylums* (New York: Bobbs-Merril, 1962). Kai T. Erikson, "Patient Role and Social Uncertainty: A Dilemma of the Mentally Ill," *Psychatry*, XX (August 1957), pp.263-274.

9 高名な人物にも関わらず特定されていない著者(おそらくヘンリー・フィールディング)の作。ジョン・ハワード『監獄事情』(ロンドン、一七七七年)の引用より。

10 病院患者に適用されるこのプロセスについての古典的な記述は、タルコット・パーソンズ『社会体系論』(青木書店、一九五一年)。

11 Harold Garfinkel, "Successful Degradation Ceremonies," *American Journal of Sociology*, LXI (January 1956), pp.420-424.

12 たとえば、アルバート・K・コーエンは、社会学的思想の支配的傾向について語るさい、「逸脱行動のコントロールは、定義上、社会の文化目標であろう」と言って疑わない。「社会解体と逸脱行動」。Merton, et al., *Sociology Today* (New York: Basic Books, 1959), p.465.

13 Robert K. Merton, *Social Theory and Social Structure* (Glencoe, III,: The Fre Press, 1949).

14 Joseph Conrad, *The Secret Agent* (New York: Doubleday Anchor, undated), pp.68, 85.

15 Cotton Mather, "Wonders of the Invisible World," in Samuel G. Drake, editor, *The Witchcraft Delusion in New England* (Roxbury, Mass.: W. Elliot Woodward, 1866), I, pp.201-203.

16 George Edward Ellis,"The Puritan Commonwealth: Its Basis, Organization,and Administration: Its Contentions; Its Conflicts with Heretics", in Justin Winsor, editor, *The Memorial History of Boston* (Boston:James Osgood, 1880), I, p.166. 引用中の傍点は現在の筆者。

17 Emile Durkheim, *The Rules of Sociological Method*, pp.68-69. 『社会学的方法の規準』注1前掲訳書一五五頁。

第1章

1 John Winthrop, Letter to his wife, *Winthrop Papers*. II, p.138.

2 特に参照すべきものは以下である。A. S. P. Woodhouse, *Puritanism and Liberty* (London: J. M. Dent, 1938), and Perry Miller, *Orthodoxy in Massachusetts* (Cambridge, Mass.: Harvard University Press, 1983).

3 Thomas Cartwright. Miller, *Orthodoxy*, p.69 に引用されている。

4 Thomas Shepard and John Allin, "A defense of the answer made unto the nine questions or positions sent from New England against the reply thereto by Mr. John Ball," London, 1648. Miller, *Orthodoxy*, p.150 に引用されている。

5 "Queen's Proclamation Against Non-Conformists," 1578. Ralph Barton Perry, *Puritanism and Democracy* (New York: Vanguard Press, 1944), p.37 に引用されている。

6 Owen Felltham, "Resolves: Divine, Moral, Political," 1623. *Seventeenth Century Prose*, edited by Peter Ure (London: Penguin Books, 1956), II, pp.94-95 に所載。

7 *Ibid*., p.95.

8 Letter from Emmanuel Downing to James Ussher, 1620, *Collections of the Massachusetts Historical Society*. Fourth Series, II, pp.120-121.

9　とくに *The New England Mind: The Seventeenth Century* (New York: Macmillan, 1939)を参照のこと。

10　Basilikon Doron. 1599. Charles H. McIlwain, editor, *The Political Works of James I* (Cambridge, Mass.: Harvard University Press, 1918), p.38 に所載。

11　Charles Francis Adams, *Three Episodes of Massachusetts History* (Boston: Houghton Mifflin, 1908), III, p.718 に引用されている。

12　John Winthrop, *History of New England*, edited by James K. Hosmer (New York: Scribner's, 1908), I, p.230. 以降、Winthrop, Journal と表記する。

13　Brooks Adams, *The Emancipation of Massachusetts* (New York: Houghton Mifflin, 1919),second edition, p.277 に引用されている。言及されている牧師は Jonathan Mitchell だった。

14　Erik H. Erikson, *Childhood and Society* (New York: Norton, 1950), p.244.『幼児期と社会』(みすず書房、一九八〇年) 第二巻一七頁。

15　Records of the Governor and Company of the Massachusetts Bay in New England, edited by Nathaniel B. Shurtleff (Boston: Printed by order of the Massachusetts Legislature, 1853-54), I, p.12. 以降、Massachusetts Records と表記する。

16　以下の各書を参照のこと。George L. Haskins, *Law and Authority in Early Massachusetts* (New York: Macmillan, 1960); Julius Geobel, Jr., "King's Law and Local Custom in Seventeenth Century New England," *Columbia Law Review*, XXXI (1954); and Zechariah Chafee, Jr., "Introduction," *Records of the Suffolk County Court, 1671-1680* (Boston: Publications of the Colonial Society of Massachusetts, 1933).

17　Haskins, *Law and Authority*, p.56 に引用されている。

18　一三〇〇名という算定はハスキンに依る。市民権の特権を得ることのできた入植者数については歴史家の間でかなりの論争が戦わされてきた。伝統的な算定は住民の約五名に一人が自由民だったとするもので、これは初期の時代に植民地を訪れたトマス・リッチフィールドの説に依拠している。だが、近年、主としてB・キャサリン・ブラウンによって、この算定に重大な疑問が投げかけられている。"A Note on the Puritan Concept of Aristocracy," *Mississippi Valley Historical Review*, XLI (1954), pp.105-112 and "Freemanship in Puritan Massachusetts," *American Historical Review*, LIX (1954), pp.865-883 を参照のこと。

19　Winthrop, Journal, I, p.323.

20 Winthrop, Journal, I, p.324.
21 Winthrop, Journal, I, p.151.
22 Winthrop, Journal, I, p.324.
23 Edmund S. Morgan, *The Puritan Dilemma--The Story of John Winthrop* (Boston: Little, Brown, 1958), p.170.

第三章

1 もちろん犯罪行動への注目の量は、通常、実際の犯罪の量とさほど比例しない。F. James Davis, "Crime News in Colorado Newspapers," *American Journal of Sociology*. LVII (1952), pp.325-33aを参照のこと。また、Lincoln Steffensが*Autobiography* (New York: Harcourt, Brace, and World, 1931) に書いている、ニューヨークで彼が個人的に「犯罪の波」をひきおこした挿話も参照されたい。

2 反律法主義クライシスに関しては、Emery Battis, *Saints and Sectaries* (Chapel Hill, N.C.: University of North Carolina Press, 1962) を参照のこと。魔術に関しては、Marion L. Starkey, *The Devil in Massachusetts* (New York: Knopf, 1949)、マリオン・L・スターキー『少女たちの魔女狩り――マサチューセッツの冤罪事件』(平凡社、一九九四年) を参照のこと。

3 Cotton Mather. *Magnalia Christi Americana, or The Ecclesiastical History of New-England* (Hartford, Conn.: Silas Andrus, 1853), I, p.508. 以降、Mather, *Magnalia.* として引用する。

4 Thomas Hutchinson. *The History of the Colony and Province of Massachusetts-Bay* . . . (Boston: Thomas and John Fleet, 1764 and 1767), I, pp.64-65. 以降、Hutchinson, *History* として引用する。

5 John Winthrop, "A Short Story of the Rise, Reign, and Ruin of Antinomians, Familists and Libertines, that Infected the Churches of New England," London, 1644, in *Antinomianism in the Colony of Massachusetts Bay, 1636-1638*, edited by Charles Francis Adams (Boston: Publications of the Prince Society, 1894), p.138.

6 *Ibid.*, p.161.

7 Winthrop, Journal, I, p.219.

8 Winthrop, Journal, I, pp.216-217.

9 Charles Francis Adams, *Three Episodes*, I, p.367.

10 Winthrop, Journal, II, p.225.

11 John Wheelwright, *Papers*, edited by Charles H. Bell (Boston: Publications of the Prince Society, 1876), pp.160-161.
12 Massachusetts Records, I, p.196.
13 Winthrop, Journal, I, p.219.
14 Winthrop, Journal, I, pp.239-240.
15 Massachusetts Records, I, pp.211-212.
16 Hutchinson, *History*, Appendix II, Vol.II, pp.482-520.
17 John Cotton, "The Way of the Congregational Churches Cleared," London, 1648, in *Antinomianism in the Colony of Massachusetts Bay*, edited by Charles Francis Adams, p.219.
18 Winthrop, Journal, I, p.259.
19 "A Report on the Trial of Mrs. Anne Hutchinson before the Church in Boston, March, 1638," *Proceedings of the Massachusetts Historical Society*, Series II, Vol. IV, 1888, pp.161-191.
20 Winthrop, Journal, I, p.259.
21 Perry Miller, *The New England Mind: From Colony to Province* (Cambridge, Mass.: Harvard University Press, 1953), p.63.
22 George Bishop, *New England Judged by the Spirit of the Lord* (Philadelphia: Thomas Stuckey, 1885), p.136. 本書の初版は一七〇三年に出たが、一六六一年と一六六七年に二分冊として執筆された。
23 *Ibid.*
24 Perry Miller, *The New England Mind: From Colony to Province* (Cambridge, Mass.: Harvard University Press, 1958), p.11.
25 Nathaniel Ward, "The Simple Cobler of Aggawam," London, 1647, found in *The American Puritans*, edited by Perry Miller (New York: Doubleday Anchor, 1956), pp.96-97.
26 Miller, *The New England Mind: From Colony to Province*, p.123.
27 John Clark, "Ill Newes from New-England . . ." London, 1652, *Collections of the Massachusetts Historical Society*, Fourth Series, II, 1854.
28 Perry Miller, *Errand in the Wilderness* (Cambridge, Mass.: Harvard University Press, 1960), p.13. ペリー・ミラー『ウィ

ルダネスへの使命』（英宝社、二〇〇二年）二一頁。

29 *Ibid.*, p. 15.

30 Brooks Adams, *Emancipation of Massachusetts: The Dream and the Reality*, second edition（New York :Houghton Mifflin, 1919）, p.273.

31 Massachusetts Records, IVa, pp.277-278.

32 Massachusetts Records, IVa, pp.308-309.

33 Bishop, *New England Judged*, p.57.

34 *Records and Files of the Quarterly Courts of Essex County, Massachusetts, 1636-1682*, edited by George Francis Dow（Salem, Mass.: The Essex Institute）, II, pp.103-104.（本書ではEssex County Recordsと表記）。

35 Massachusetts Records, IVa, pp.345-346.

36 Massachusetts Records, IVa, p.367.

37 Bishop, *New England Judged*, p.89.

38 *Ibid.*, p.99.

39 *Ibid.*, p.99.

40 *Ibid.*, pp.99-100.

41 Massachusetts Records, IVa, p.383.

42 Bishop, *New England Judged*, pp.102-103.

43 Essex County Records, II, p.337.

44 Essex County Records, III, p.17.

45 Essex County Records, III, p.64.

46 Hutchinson, *History*, I, pp.203-204.

47 "A Declaration of the Central Court of the Massachusetts," October, 1659, reprinted in Mather, *Magnalia*, pp.525-526.

48 Massachusetts Records, IVb, pp.2-3.

49 国王の親書はBishop, *New England Judged*, p.214に再録されている。また植民地総会の反応はMassachusetts Records, IVb, p.34に出ている。

50 John Hull's Diary, *Transactions and Collections of the American Antiquarian Society* (Boston: Printed by the Society, 1857), p.182.

51 Hutchinson, *History*, I, Appendix XI, pp.526-527.

52 Charles E. Park, "Puritans and Quakers," *New England Quarterly*, XXVII (1954), p.73

53 Bishop, *New England Judged*, p.11.

54 *Ibid.*, p.71.

55 *Ibid.*, pp.198-199.

56 *Ibid.*, pp.59-60.

57 *Ibid.*, p.87.

58 *Ibid.*, p.76.

59 Essex County Records, IV, p.88.

60 Essex County Records, V, p.356.

61 Mather, *Magnalia*, p.525.

62 Hutchinson, *History*, I, p.204.

63 Essex County Records, V, p.298.

64 Massachusetts Records, IVb, pp.165-166.

65 Massachusetts Records, IVb, pp.167-168.

66 Marion Starkey, *The Devil in Massachusetts* (New York: Knopf, 1949). マリオン・L・スターキー・注2前掲訳書。

67 John Josselyn, "An Account of Two Voyages to New-England," *Collections of the Massachusetts Historical Society*, Vol. III, Third Series, p.331.

68 Alan Heimert, "Puritanism, The Wilderness and The Frontier," *New England Quarterly*, XXVI (1953), p.381.

69 Hutchinson, *History*, I, p.232. この頁数は、本研究の他の注で使用した版より後に刊行された版のものである。Lawrence S. Mayo edition (Cambridge, Mass.: Harvard University Press, 1936) を参照のこと。

70 Cotton Mather, "Wonders of the Invisible World," Boston and London, 1693, found in Samuel G. Drake, editor, *The Witchcraft Delusion in New England* (Roxbury, Mass.: W. Elliot Woodward, 1866), pp.80-81.

71 Deodat Lawson, "A Brief and True Narrative of Witchcraft at Salem Village,"1692, in *Narratives of the Witchcraft Cases, 1648-1706*, edited by George Lincoln Burr (New York: Scribner's, 1914), p.154.

72 John Alden が後になってこの事件の報告のなかで述べているところによると、少女たちが最初に彼のことを魔法の罪で告発した時、彼女たちはオールデンとは違う男を指差していて、協力的な通行人から教えられて初めて自分たちの間違いに気づいたという。Robert Calef, "More Wonders of the Invisible World," Boston, 1701, in Burr, *Narratives*, p.358 を参照のこと。

73 Calef, "More Wonders," in Burr, *Narratives*, pp.350-352 に再録されている。

74 この個所の「本」は悪魔の台帳を指している。少女たちが苦しめられているのは、悪魔の台帳に署名し悪魔と同盟することを拒んでいるせいだ、と考えられていたのであろう。

75 Hutchinson, *History*, II, pp.27-28.

76 Burr, *Narratives*, p.377.

77 Cotton Mather, "Wonders of the Invisible World," in Drake, *The Witchcraft Delusion*, p.176.

78 Calef, "More Wonders," in Burr, *Narratives*, p.382.

79 George L. Kittredge, *Witchcraft in Old and New England* (New York: Russell E. Russell, 1956), p.329.

80 Wallace Notestein, *History of Witchcraft in England* (Washington,D.C.: The American Historical Society, 1911).

81 Winthrop, Journal, II, pp.323, 344-345. ニューイングランドでは、一六九二年の大発生以前には、全体で五名ないし六名が魔術の罪で処刑された。

82 Massachusetts Records, IVa, pp.52-53.

83 Essex County Records, I, p.265.

84 Essex County Records, V, pp.426-427.

85 Daniel Boorstin, *The Genius of American Politics* (Chicago : University of Chicago Press, 1953).

86 Heimert の興味ぶかい論文 "Puritanism, The Wilderness and the Frontier" を再度参照のこと。

87 Cotton Mather, "Wonders of the Invisible World," in Drake, *The Witchcraft Delusion*, pp.94-95.

88 *Ibid.*, pp.16-17.

1 Massachusetts Records, II, pp.138-139.

2 Massachusetts Records, III, index.

3 Massachusetts Records, I, index.

4 Emil Oberholzer, Jr., *Delinquent Saints: Disciplinary Actions in the Early Congressional (sic) Churches of Massachusetts* (New York: Columbia University Press,1959).

5 Essex County Records, I, p.109.

6 Essex County Records, II, p.50.

7 Essex County Records, V, p.104.

8 Essex County Records, I, p.303.

9 Winthrop, Journal, I, p.126.

10 Thomas J. Wertenbaker, *The Puritan Obligarchy* (New York:Grosset and Dunlap,1947).

11 Essex County Records.　この本の書誌情報については第三章注34を参照のこと。

第五章

1 Winthrop, Journal, pp.160-172.

2 Miller, *The New England Mind: The Seventeenth Century*, p.20 に引用されている。

3 John Winthrop, "A Model of Christian Charily," *Winthrop Papers* (Boston: Massachusetts Historical Society, 1981), II, p.282.

4 Miller, *The New England Mind*, p.198 に引用されている。

5 Winthrop, Journal, I, pp.282-283.

6 Essex County Records, III, pp.319-320.

7 Mather, *Magnalia*, II, pp.448-449.

8 Harry Elmer Barnes and Negley K. Teeters, *New Horizons in Criminology* (New York: Prentice-Hall, 1943), p.412 に引用されている。

9 Gustave de Beaumont and Alexis de Tocqueville, *On the Penitentiary System in the United States and Its Application to*

France, trans. Francis Lieber (Philadelphia: Carey, Lea and Blanchard, 1888), pp.59-60.

10 *Ibid.*, p.202.

11 Alexis de Tocqueville, *Journey to America*, trans. George Lawrence and ed. J. P. Mayer (New Haven: Yale University Press, 1959), pp.26-27.

12 Barnes and Teeters, p.521.

13 Charles Dickens, *American Notes for General Circulation* (London: Chapman and Hall, 1842).

14 Beaumont and Tocqueville, *On the Penitentiary System*, pp.58-59.

訳者あとがき

本書は、カイ・T・エリクソン著、*Wayward Puritans: A study in the sociology of deviance.* New York: Wiley, 1966 の全訳である。

この本の二年前、ハワード・S・ベッカーの *Outsiders* が出版され、二人の本はやがてラベリング理論の宣言書という社会学的地位を獲得することになる。ラベリング理論とは何かについては、『完訳 アウトサイダーズ――ラベリング理論再考』（現代人文社、二〇一一年）の解説を参照していただきたい。ベッカーの本は、マリファナ喫煙を中心に展開するアクチュアルな挑発の書であり、最近アメリカ各州で次つぎとマリファナ喫煙が解禁されているが、彼の書が少なからぬ影響を与えているといえよう。

これに対して、エリクソンの著は、一七世紀アメリカ植民地時代の魔女狩りに焦点をあてた歴史社会学の書、つまり個別具体的な歴史事象を記述する歴史学と社会事象の一般的法則を見出そうとする社会学の融合をめざした本である。

著者エリクソン（一九三一〜）の経歴について述べておきたい。シカゴ大学社会学部の出身で、長年イエール大学で教えてきた。本書は彼のデビュー作であり、博士論文がもとになっている。また、本書はアメリカ社会学会でマッキーヴァー賞を、他の本でソローキン賞を受け、二度の受賞者はエリクソン以外にない。その後、彼の主要な関心は災害研究に向かい、一九五四年のマーシャル群島の原爆実験、一九七九年のスリーマイル島の原子力事故そして一九九二年から一九九五年にかけてのユーゴスラビアの大虐殺等々、世界規模での精力的な研究を続けている。ちなみに、彼は、アイデンティティ論で名高いエリック・H・エリクソンの長男である。

この本が扱っている魔女狩りという歴史的事実そのものがスリリングであるのだが、エリクソンの視点と彼が提示する仮説はそれに輪をかけて魅力的である。

あらゆる社会は時代をこえて逸脱者が恒常的だという仮説、社会は逸脱の一定性を保つために境界維持をすべく働いてクライシスに対処しているという彼独自の理論、そしてさらに重要なのは、エリクソンの資料データの扱い方である。その入念かつ慎重な手順と方法については、本書をじっくりと読んでいただくことで習得していただきたい。

さらに本書は、社会学と歴史学の枠をこえて、アメリカ文学とりわけ本文でも触れられているナサニエル・ホーソンの研究にも影響を与えるだろう。というのは、この作家の家系そのものが反律法主義論争、クエーカー迫害、セイラムの魔女狩りなど、本書が扱っているテーマに深く関与しているからである。その意味で、本書はアメリカ文学とりわけホーソンに関心をもつ読者にとっても必読の書であろう。

ここで翻訳作業についてひと言述べさせていただきたい。訳者のひとりはベッカーの *Outsiders* の邦訳を手がけた社会学者であり、もうひとりは一七世紀アメリカ植民地時代の歴史に詳しい、ナサニエル・ホーソン研究を中心とするアメリカ文学研究者である。本書の翻訳は、分野をことにした二人の共同作業によって奥の深いものに仕上がったと自負している。

（二〇一四年四月）

＊共訳者である村上直之氏は、本書の校正を終えたあと、二〇一四年五月七日、病のため亡くなった。氏は本書の上梓を心待ちにしていた。早すぎる畏友の死を悼み、こころよりご冥福を祈りたい。

（二〇一四年五月一八日　岩田　強）

【た】

【な】

【は】

索　引

【あ】

◎原著者プロフィール

カイ・T・エリクソン　Kai T. Erikson

1931年、ウイーン生まれ。第67代アメリカ社会学会元会長。

【主著】

・*Wayward Puritans: A Study in the Sociology of Deviance*, 1966, 2004

・*Everything in Its Path: Destruction of Community in the Buffalo Creek Flood*, 1976

・*A New Species of Trouble: Explorations in Disaster, Trauma, and Community*, 1994

詳しくは、訳者あとがき参照。

◎訳者プロフィール

村上直之（むらかみ・なおゆき）

1945年、群馬県高崎市生まれ。1970年、京都大学卒業。社会学専攻。

【職歴】

京都大学助手、芸術工学研究所ディレクター、神戸学院大学文学部教授。

【主著】

『花のおそれ』（花・写真／中川幸夫、誠文堂新光社、1992年）

『見立て発想法』（CD-ROM付、芸術工学研究所、2003年）

『改訂版　近代ジャーナリズムの誕生』（現代人文社、2010年）

『完訳　アウトサイダーズ――ラベリング理論再考』（現代人文社、2011年）etc

岩田　強（いわた・つとむ）

1944年、東京都生まれ。1971年、京都大学卒業。アメリカ文学専攻。

【職歴】

和歌山大学、山梨医科大学、京都光華女子大学。

【主著】

『オーツ『大陸の果て』を読む』（共著、大阪教育図書、1996年）

『セクシュアリティと罪の意識』（共著、南雲堂、1999年）

『文豪ホーソンと近親相姦』（愛育社、2012年）etc.

あぶれピューリタン 逸脱《いつだつ》の社会学《しゃかいがく》

2014年6月27日　第1版第1刷発行

著　者　カイ・T・エリクソン
訳　者　村上直之・岩田強
発行人　成澤壽信
発行所　株式会社 現代人文社
〒160-0004　東京都新宿区四谷2-10 八ッ橋ビル7階
振 替　00130-3-52366
電 話　03-5379-0307（代表）
FAX　03-5379-5388
E-Mail　henshu@genjin.jp（編集）/hanbai@genjin.jp（販売）
Web　http://www.genjin.jp
発売所　株式会社 大学図書
印刷所　株式会社 ミツワ
DTP編集　かんら（木村暢恵）
装　幀　加藤英一郎

検印省略　PRINTED IN JAPAN　ISBN978-4-87798-581-3 C1036
©2014　MURAKAMI Naoyuki　IWATA Tsutomu

本書の一部あるいは全部を無断で複写・転載・転訳載などをすること、または磁気媒体等に入力することは、法律で認められた場合を除き、著作者および出版者の権利の侵害となりますので、これらの行為をする場合には、あらかじめ小社また編集者宛に承諾を求めてください。